ROMPIENDO
las
barreras

i

OCT

2009

ROMPIENDO
las
barreras

VENCIENDO LA ADVERSIDAD Y
ALCANZANDO TU MÁXIMO POTENCIAL

JASON FRENN

New York   Boston   Nashville

ROMPIENDO *las* barreras
Título en inglés: *Breaking the Barriers*
© 2009 por Jason Frenn
Publicado por FaithWords
Hachette Book Group
237 Park Avenue
New York, NY 10017

FaithWords es una división de Hachette Book Group, Inc.
El nombre y el logo de FaithWords son una marca registrada de Hachette Book Group, Inc.

ISBN: 978-0-446-55178-6

Visite nuestro sitio Web en www.faithwords.com

Impreso en Estados Unidos de América

Primera edición: Agosto 2009

10 9 8 7 6 5 4 3 2 1

————— ⸂⸜∞⸝⸃ —————

Dedicado a una gran mujer que sigue rompiendo barreras cada día, a una gran cristiana que continúa creciendo a la imagen de Cristo, a un gran ejemplo que sigue a diario amando y ayudando a otros para que encuentren esperanza en Cristo, a una gran compañera que sigue amándome cada día.

Dedicado a mi esposa Cindee.
Con todo mi amor, admiración, respeto y aprecio, todos los días.

Contenidos

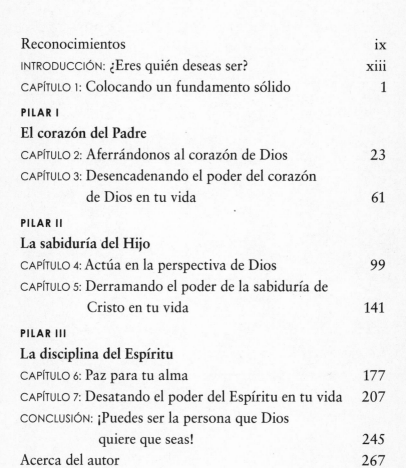

Reconocimientos

Gracias, Dios Padre, por amarme lo suficiente para enviar a Tu Hijo y por mostrarme Tu corazón para que pueda realmente ver lo que significa ser hecho a imagen de Dios.

Gracias, Jesús, por rescatarme de las cadenas del pecado y mostrarme tu sabiduría y perspectiva de la vida. Cuando medito en todo lo que has hecho por la humanidad enmudezco por Tu ejemplo.

Gracias, Espíritu Santo, por darme el aliento de vida y guiarme por las montañas y valles de la vida. Tú eres un gran Consolador sin el cual no tendríamos esperanza. Gracias por las fuerzas para vivir cada día con sentido y significado.

Gracias por mis cuatro damas: Cindee, Celina, Chanel y Jazmin. ¡Bendito soy entre las mujeres! Cada día agradezco a Dios por darme el privilegio de estar casado con una mujer tan extraordinaria y por tener hijas tan sensacionales.

Gracias, Steve Larson, por ser el primero en ver este libro

y por trasnochar para ser la voz de la razón y la claridad. Gracias, Doug Brendel, por observar con acuciosidad este manuscrito. Tienes el don de escribir y aprecio las sugerencias, las correcciones y los aportes que has hecho.

Gracias, Don y Maxine Judkins, por creer en el llamado de Dios sobre nuestras vidas. Se han probado fieles a través de los años y han llegado a ser grandes ejemplos de lo que significa servir al Señor. Gracias, Richard Larson, Channing Parks, Robert Frenn, Roberta Hart, Mike Shields y Paul Finkenbinder, por su extraordinario apoyo. Han compartido generosamente sus experiencias profesionales con el mundo en las páginas de este libro.

Gracias, Anne Horch, por ver potencial en esta obra y en mí. Es una de las más destacadas y más talentosas editoras en el mundo editorial de hoy. Dios le ha dado un don excepcional y lo usa para Su gloria. ¡Ha sido un honor para mí trabajar con usted! Gracias, Rolf Zettersten y todo el equipo de FaithWords, por aportar sus talentos en este libro. Han hecho un trabajo extraordinario al trasformar un documento en mi computador en algo que la gente pueda leer en todo lugar.

Gracias, Steve Harrison, por tu amistad y por ayudarme a comunicar mi mensaje con más claridad. Gracias, Roland Hinz, por caminar la milla extra y ayudarme para acceder a una audiencia mayor. Agradezco al Señor tu dedicación incondicional para alcanzar el mayor número de personas posible.

Gracias, Chuck Colson, por sus palabras alentadoras. Aprecio profundamente su dedicación a la santidad y su entrega a

Cristo. Gracias, Robert H. Schuller. Tantas veces mi familia necesitó una palabra de aliento, y usted estuvo allí, personal y ministerialmente. Gracias, Zig Ziglar, por ser una inspiración tan grande para mí desde la época en que vendía formularios de negocios, y a través de mi desarrollo como ministro. Gracias, Chip MacGregor, por alentarme a perseverar. Su talento, humildad y accesibilidad resultan refrescantes en estos días. Un agradecimiento especial a Mari-Lee Ruddy, Melodee Gruetzmacher, Steve y Karen Rutledge, Karine Rosenior, Joe Class, Rick Cortez, Rick Zorehkey, George Wood y todos los demás que dedicaron un tiempo precioso ayudándome a desarrollar el mensaje de este libro.

¿Eres quién deseas ser?

E RA UN ATARDECER tibio y seco del verano de agosto de 1987. Estaba por comenzar mi último año en Southern California College y me sentía seguro de que mi futuro sería muy próspero. Sentado en mi cuarto sobre un sofá antiguo y desgastado de color café, analizando las posibilidades que tenía por delante, comencé a meditar sobre mis pasos académicos. Recordé el día que caminé por primera vez en el campus, tres años atrás, cuando era un adolescente idealista de diecisiete años enfocado en mi misión en la vida. Comencé especializándome en estudios bíblicos y quería entrar en el ministerio de tiempo completo. No importaba si llegaba a ser pastor, evangelista o misionero, siempre que fuera uno de esos tres. Después de mi primer año, sin embargo, la fantasía de mi vida ministerial en el sur de California comenzó a enfrentarse a una cruda realidad.

Mis sueños de servir en el ministerio del Condado de Orange fueron abruptamente interrumpidos por la realidad del alto costo de la vida. Cada vez que sacaba mi camioneta Chevrolet Luv de color azul del año 1980 por el camino de entrada a la universidad al mundo real, estaba rodeado por BMWs, Mercedes Benz y Porsches. La prosperidad y la riqueza estaban por todos lados y los precios de los bienes raíces subían a ritmos astronómicos. Cuando comencé a preguntar cuál era el salario promedio para ministros en el área, la respuesta fue más que desalentadora.

Durante mi segundo año, cambié mi especialización a historia y ciencias políticas. Sentí que un título así me abriría las puertas para enseñar en una universidad, ejercer como abogado o servir en el gobierno. Después de un año y medio de diligentes estudios, descubrí con tristeza que no se ganaba mucho más dinero enseñando o trabajando para el gobierno. Es más, para ser abogado necesitaba tres años adicionales antes de obtener el título.

Comencé a ampliar el área de mis estudios en la forma más diversificada y comercialmente atractiva que fuera posible. Tomé clases de negocios, ciencias sociales y religión. Estaba camino de obtener un BA en historia y ciencias políticas, con asignaturas secundarias en religión y negocios.

Servir al Señor se convirtió en un sueño distante. Al enfocarme en «el éxito», mi llamado se convirtió en un débil recuerdo. En consecuencia, comencé a tomar decisiones que contradecían mis valores cristianos. Me volví materialista y enfocado casi por completo en obtener estatus. Dí la espalda al llamado que Dios había puesto en mi vida y me alejé de Él.

Pero lo más triste de todo fue que me estaba cegando, quizás no físicamente, pero sí en otra forma.

Cierto día en que permanecía sentado en mi dormitorio, reflexionando en las decisiones que había tomado, una sonrisa llenó mi rostro. La semana anterior había conseguido un trabajo muy lucrativo. Aún estando en la universidad había llegado a ser un representante de ventas para una compañía de mensajes internacionales y ganaba más dinero que nunca antes. Compré un guardarropa nuevo completo, incluyendo varios costosos trajes formales. Hacía un año que había cambiado el viejo Chevrolet Luv por un Honda CRX. *No está mal para un comienzo*, pensé.

Esa tarde fui hasta el departamento de mi vecino e invité a Channing para que me acompañara a ver los Mustangs en el concesionario Ford, en la ciudad vecina de Santa Ana. Eran las once y media de la noche y el concesionario estaba en un barrio peligroso, pero no pensé que hubiera ningún riesgo, puesto que la mayoría de los locales que venden autos mantienen las luces encendidas toda la noche. Además, yo conocía el sector. Subimos a mi viejo auto deportivo y manejamos por la carretera.

Salimos por las afueras de Santa Ana y nos dirigimos al corazón de la ciudad, tomando un atajo que nos llevó por un callejón a dos cuadras del local. Desgraciadamente, casi no había luminarias en la calle y la visibilidad era deficiente. De pronto, dos figuras emergieron al lado derecho del callejón. Desconociendo sus intenciones, disminuí la velocidad y seguí con cautela. Uno de ellos se paró en el medio del callejón y levantó las manos indicándonos que nos detuviéramos.

A una velocidad mínima de unas quince millas por hora, nos acercamos. Los focos nos proporcionaban una buena visibilidad. Podía ver que el hombre en nuestro camino tenía un corte en su frente y sus ropas estaban rotas. La otra persona estaba en las sombras, pero parecía que había habido una pelea brutal y pensé en un *ajuste de cuentas por drogas*. Me dio una mala corazonada, por lo que aceleré y pasé por el lado de ellos. Al llegar al final del callejón miré por el espejo retrovisor y vi que el hombre agitaba el puño en forma amenazadora y gritaba. El concesionario estaba a varias cuadras de allí. Cuando llegamos al lugar los hombres del callejón quedaban ya muy distantes, completamente fuera de vista y del pensamiento.

Nos bajamos del auto y echamos un vistazo al terreno. ¡Allí estaba *mi* auto! Lo vi: la obra más impresionante de una empresa automotriz que jamás hubiera visto. Me sentí como si debiera pedirle a mi amigo un minuto de silencio. Allí, estacionado en una rampa, estaba un Mustang convertible negro GT. Era «excelso y sublime». Me convencí de que ángeles cantaban en el fondo. Cada luminaria del lugar parecía enfocada sobre él (aunque en el momento yo podría haber asegurado que despedía su propio fulgor celestial). Parecía una pantera negra profundamente dormida, poderosa pero descansando.

Caminamos hacia el auto en cámara lenta. Debo admitir que su poder era seductor. Tenía el interior de cuero negro, ventanas y puertas automáticas, un sistema de sonido de seis parlantes, neumáticos de perfil bajo de dieciséis pulgadas y una transmisión de cinco velocidades. Miré el precio en la etiqueta y pensé, *Puedo comprarlo*. Dije: «Channing, este es un buen día». Él movió la cabeza asintiendo.

En mi esfuerzo por alcanzar el éxito, había llegado a un punto crucial en mi vida. Ilustraba perfectamente lo que había llegado a ser como ser humano. Nunca olvidaré las palabras que me susurré: «¡Jasón, si compras este auto, habrás llegado!»

El tiempo se detuvo. El mundo quedó congelado por unos breves momentos.

Luego la mano de Dios comenzó a moverse.

Mientras yo babeaba sobre el auto de mis sueños, dos individuos se acercaron caminando detrás de mi CRX. Probablemente no cuesta adivinarlo: eran los dos personajes que había dejado en el medio del callejón. Pensé, *¿Cómo nos siguieron? Los dejamos hace medio kilómetro.*

Silenciosamente hice contacto visual con mi amigo como para decirle: «¡No digas nada! Quizás ni se den cuenta de que estamos aquí». ¡Qué pensamiento más absurdo! ¿Sería posible que dos hombres blancos parados al lado de un Mustang elevado y en un parqueadero plenamente iluminado, a media noche, pasen inadvertidos?

Los autos emiten ruidos interesantes cuando se apagan. Al comenzar a enfriarse el motor, mi auto hizo un sonido *tink-tink*. Acercándose a mi vehículo, podían darse cuenta que mi auto recién se había estacionado y, desde luego, lo reconocieron como el mismo que los había dejado en medio del callejón.

Comenzaron a escudriñar el sitio buscando al dueño del vehículo. De pronto, uno de ellos nos vio. Mi corazón desfalleció. Sin titubear, ambos caminaron decididamente por el laberinto de autos que nos separaban. Los que yo había divisado como dos hombres negros resultaron ser un hombre y su esposa que parecían venir de una lucha pandillera. Su frente estaba cortada y la sangre le cubría parte de la cara. Ella se veía terrible. Sus ropas estaban rotas. Obviamente venían de alguna pelea.

El hombre alzó la voz encolerizado. «Oiga, ¿por qué no se detuvo cuando se lo pedimos allá atrás».

Tanto mi amigo como yo nos congelamos. Pensé, *Mejor es ser honrado con él y decirle la verdad porque si saca un arma y nos dispara, es mejor morir como hombres honestos que como mentirosos.* Además, no estaba listo para encontrarme con mi Hacedor. Me había distanciado de mi conexión con Dios.

Después de unos segundos respondí: «*Uf, no nos detuvimos en el callejón porque tuvimos miedo*». Esa era la verdad y se oyó bien decirla.

Me miró penetrantemente como si buscara las sombras profundas de mi alma. Nunca pestañeó. Entonces dejó de mirarme a los ojos, abrió sus labios con lentitud, y dijo: «Puedo comprender eso». Estiró la mano, presentándose como si estuviéramos en una reunión social. «Me llamo Juan», dijo.

Miré su palma extendida y di un paso atrás. Pensé, *No voy a estrecharle la mano a este tipo y pretender que somos amigos.*

Cuando vio mi vacilación, explotó. «¡Oye», gritó, «me puedes mirar, registrar o buscar en todo el cuerpo si quieres. No tengo ningún arma ni cuchillo. Solo necesito ayuda. Ahora ¿me van a ayudar o no?»

Mi amigo y yo estábamos muy nerviosos. Estábamos tratando con alguien que parecía un miembro de una pandilla que acababa de perder una pelea y estaba airado. Había que buscar cualquier forma de calmarlo.

Mi voz se quebró cuando respondí a su pregunta: «¿Qué tipo de ayuda necesitas?»

Respondió: «Necesito algún dinero para pagar mi renta y necesito recoger a mis mellizos de la cuidadora».

Channing interrumpió y dijo: «Nos encantaría ayudarles. ¿Dónde viven?»

El hombre indicó un motel de mala muerte al otro lado de la calle. Al llegar al estacionamiento, casi no podía creerlo. *¿Cómo pueden cobrarle a la gente para que viva en una pocilga infestada de ratas como ésta?* pensé. El estuco se caía de las paredes externas. El edificio parecía que no había sido pintado en más de quince años. Tenía olor a rancio y el cielo raso faltaba en varias partes.

Me paré en la puerta de su pieza del motel mientras mi amigo fue con Juan a la oficina del encargado para pagar la noche. Me asomé y miré hacia el interior. Tenía una modesta cocina, una pequeña cama y un baño muy chico. En las paredes había grandes huecos y al centro de la pieza una alfombra mohosa y maloliente que probablemente había perdido su color original hacía una década. Los armarios estaban desnudos y la cocina vacía. Mi corazón se conmovió. Estaba viendo que vivían una situación difícil. Era obvio que no tenían trabajo.

Sin embargo, era medianoche y me estaba preocupando. Busqué nuestra primera escapatoria posible, esperando terminar esa noche. Channing les entregó un dinero adicional para alimento y otras necesidades imprevistas. Luego dijo: «Bueno, necesitamos volver a la universidad».

«Esperen un poco», dijo Juan. «Todavía me tienen que llevar a recoger a nuestros mellizos».

Lo último que quería hacer ahora era servirle de chofer privado a este tipo en Santa Ana, un viernes por la noche. ¿Quién querría manejar en uno de los barrios más peligrosos del sur de California a medianoche? Además, no parecía correcto. Era demasiado riesgoso y demasiado peligroso. Pero él insistió.

Me preguntó: «¿Tienes niños?»

«No», le respondí.

«Bueno, cuando los tengas, comprenderás que no los puedes abandonar. Por favor ayúdame. Llévame a donde están para que los pueda traer a casa, a su madre».

Titubeé y bajé la mirada antes de acceder a regañadientes. *Además, mi amigo está conmigo*, pensé. *No puede ser tan peligroso.* Así que nos subimos al CRX de dos asientos.

Como no había lugar para que se sentara Juan, tuvo que hacerlo en el freno de emergencia, apretujado entre Channing y yo. Después de avanzar dos cuadras, entramos a uno de los sectores más peligrosos de la ciudad, donde las pandillas desarrollaban gran parte de su actividad. Estaba oscuro dentro del auto y las luminarias de la calle no alumbraban mucho.

Con visión periférica me esforzaba por ver lo que hacía nuestro pasajero con las manos, que colocó entre sus piernas. Luego, rompiendo el incómodo silencio, dijo: «Oye, te voy a decir algo». Pensé, *Oh, Señor, debí haber aceptado su oferta. Debí haberlo registrado en el estacionamiento.*

Dijo: «Dios los va a bendecir por lo que hicieron esta noche».

«¿Cómo es eso?», repliqué.

«Lo que oíste. Dios te va a bendecir por lo que has hecho».

Luego se volvió y me dijo: «Mi madre fue misionera en África. Ella predicó el Evangelio a muchas personas y dependía de Dios en todo. Si aprendí algo de su ejemplo fue que no puedes servir a Dios y al dinero. Amarás a uno y odiarás al otro, o despreciarás a uno y adorarás al otro. Nadie puede servir a dos señores. Prefiero vivir como pobre y luchar día a día. Prefiero depender de Dios para mi provisión diaria que vivir la competencia feroz del sur de California. Sí, el Señor te bendecirá por lo que han hecho por nosotros esta noche».

Cuando llegamos donde la cuidadora, Juan corrió adentro y descubrió que alguien había devuelto los mellizos al motel mientras estábamos en ruta. Volvimos a hacer el camino de vuelta.

Luego de dejar a nuestro pasajero en el motel, Channing y yo regresamos a la universidad. Al pasar de nuevo frente al estacionamiento de automóviles, el Mustang ya no se veía tan tentador como antes. No era «excelso ni sublime». No tenía refulgencia celestial. Y no había ángeles cantando de fondo.

Nos separamos al llegar al campus. Una vez más me encontré sentado en el viejo sofá marrón. Esta vez comencé a considerar algo más significativo. En vez de fantasear acerca del dinero y de cómo lograr estatus social, me pregunté qué era lo verdaderamente importante. A la pregunta, «¿eres lo que quisieras ser?» mi respuesta fue un aleccionador no. Y eso me obligó a mirar más allá de la vacuidad del materialismo y hacerme la única pregunta que, tarde o temprano, todos nos hacemos: ¿Por qué estoy aquí?

No provengo de un hogar religioso. Mis padres se separaron cuando yo tenía tres años y se divorciaron cuando tenía nueve y mi mamá se volvió a casar con alguien treinta y dos años mayor que ella. Por un tiempo, él producía videos NC-17. Entre mis tres padres hubo ocho divorcios. Mi papá se ganó la vida como barman por más de cincuenta años y mi mamá luchaba con el alcoholismo. Cuando adolescente, veía a mi padre por unas pocas horas dos veces al mes.

Cuando cumplí los quince, me encontré con Alguien muy

significativo. Me ayudó a través de esos tiempos difíciles. Creyó en mí cuando nadie más la hacía. Me ayudó cuando nadie más podía. Me dio esperanza cuando no lo había. Su nombre es Jesús y vino a mí cuando la vida parecía no tener sentido. Después de dos años fui a la universidad a prepararme para servirle en un ministerio a tiempo completo. Pero debido a las presiones del mundo, perdí mi rumbo. Extravié mi brújula. Perdí mi camino y me encontré viviendo tras barreras. Irónicamente, en mi persecución por la libertad financiera y la riqueza material, me había transformado en esclavo del amor al dinero. Me había atrincherado detrás de sus barreras. Le volví la espalda a la única Persona que me dio vida y sentido.

Allí en la pieza del internado, en agosto de 1987, le pedí que me perdonara por alejarme. Pronuncié una sencilla oración: «Señor, ayúdame a enderezar mi vida». El Dios del cielo respondió. Me perdonó y me ayudó a arreglar las cosas. Como resultado, descubrí por qué estoy aquí.

Volví a tomar mi dirección. Encontré mi razón de vivir centrada en Dios. Mi camino se aclaró. Mi visión se enfocó nuevamente. He proclamado el Evangelio en más de cincuenta cruzadas y ministrado en más de doce países. Estoy muy agradecido por todo lo que Dios me ha permitido ver y hacer. Dios nos ayuda a superar cada desafío que nos impide llegar a ser lo que estamos destinados a ser.

En las páginas de este libro encontrarás las perspectivas que me han ayudado a romper barreras y a sobreponerme a la adversidad. Si asumes el compromiso de leer este libro y volver a consultarlo de vez en cuando, tú también experimentarás una gran victoria al romper barreras, superar la adversidad y alcanzar tu máximo potencial.

Pero ten esto en mente: muchos de nosotros nos resistimos al cambio. A menudo el cambio solo viene cuando el dolor de permanecer igual llega a ser mayor que el dolor del cambio mismo. Quizás nunca habría pensado en cambiar de dirección en mi vida si no hubiera sido por mi experiencia de aquella noche en el concesionario de autos.

Ahora tienes una decisión que tomar. ¿Estás listo para el cambio? ¿Estás dispuesto a romper las barreras? ¿Estás dispuesto a romper las cadenas que te mantienen cautivo? ¿Estás dispuesto a seguir adelante en pos de tu máximo potencial? Confío que tu respuesta es un retundo sí. ¡Puedes llegar a ser lo que Dios quiere que seas! Puedes romper las barreras, superar la adversidad y alcanzar tu máximo potencial. ¡Con Dios todo es posible!

Al iniciar la tarea de superar las barreras que nos refrenan, necesitamos enfrentar tres preguntas fundamentales. El responder a estas tres preguntas nos ayudará a comenzar este viaje con el pie derecho.

LAS TRES PREGUNTAS DE LA VIDA

¿Por qué?

¿Sabes *por qué* estás aquí? ¿Tiene un propósito tu vida? Estoy convencido de que sí, lo tiene. Esto es lo que me motivó a escribir este libro para ti. Existe un gran propósito detrás de la creación de tu vida. Eres único. Nadie es como tú.

Por eso permíteme ayudarte a descubrir la respuesta a la pregunta «¿Por qué estoy aquí?» No estás aquí por equivocación. Tu vida no es un error, ni existes debido a alguna casualidad aleatoria de la evolución. Estás aquí deliberadamente. Y estás aquí por una razón.

Creo que encarnas un propósito divino de valor eterno. Esta es una verdad fundamental, estés consciente de ella o no. Alguien tuvo el propósito de que nacieras y esa Persona quiere que tengas una vida significativa y con sentido. Esa Persona es Dios. Sí, creo en Dios. Y lo que es más importante, Él cree en ti. Tienes propósito porque Dios te creó. Él quiere y ha decidido que tú estés aquí. Eres muy importante para Él.

Dios nos creó para su agrado y quiere tener compañerismo con nosotros, como sus hijos e hijas (ver Efesios 1:4-7). Esto significa que Dios quiere tener una relación contigo. Es por eso que estás aquí. Hoy, Él quiere que ores, adores, medites y estudies. Quiere que camines con Él, aprendas de Él y te comuniques con Él. Puedes estar seguro de que nada en toda la creación te puede separar de Su amor. Nada puede reprimir Su deseo de tener una relación contigo (ver Romanos 8:38-39). Eso prueba cuán importante eres para Él.

¿Qué?

¿Hay veces en que te sientes desconectado del propósito de Dios para tu vida? ¿Piensas que no estás logrando nada de valor eterno? ¿Te falta dirección? ¿Alguna vez has luchado con la pregunta «¿Qué estoy haciendo con mi vida?» La incertidumbre merodea sobre nosotros cuando sentimos que estamos logrando muy poco de valor perdurable. Podemos sentir que nuestras vidas no van a ninguna parte.

¿Qué *estás* haciendo de tu vida?

Si estos desafíos han rondado en tu cabeza, quiero que sepas que yo he estado en tus zapatos. Sé cómo te sientes. Muchas veces he buscado los secretos del éxito. He añorado descubrir la pepita de oro que me liberaría de las barreras que me impiden alcanzar mi máximo potencial. He observado los informes comerciales, tarde en la noche, en busca de respuestas con mi tarjeta de crédito en mano, buscando alguien que me guíe. Como muchos, he ojeado las páginas de libros de autoayuda, buscando intensamente por el único elemento que me ha eludido por años. He asistido a seminarios y conferencias y hablado con lo mejor de lo mejor. Después de años de estudiar las Escrituras y hablar con las personas que son los mejores en sus campos, he llegado a un descubrimiento asombroso. Compartiré este descubrimiento contigo. Pero primero, debemos identificar las barreras que detienen a muchas personas.

¿Qué área de tu vida necesita experimentar un rompimiento de barreras? Si lo puedes afirmar en una frase, ¿cuál sería el obstáculo mayor que enfrentas? ¿Es un desafío de tu salud o peso? ¿Es un desafío con tu familia, carrera o finanzas? Cuando miras el espejo ¿te agrada lo que ves? ¿Estás cautivo, dando vueltas en círculos, sintiéndote insatisfecho? Hasta que no identifiques aquellas áreas que te mantienen paralizado, será difícil encontrar soluciones. Así que cava profundo. Haz la pregunta, *¿Cuáles son mis barreras?*

Tomar este libro es un paso en el camino a la victoria. He hecho el viaje y he hablado con miles de otros que lo han hecho también. Las páginas siguientes contienen algunas de sus historias, que he incluido para ayudar, motivar e inspirarte. Como lo han hecho quienes describiré, puedes abrazar tu divino propósito, identificar tus barreras y desarrollar la fuerza para moverte permanentemente más allá de ellas.

¿Cómo?

¡Ah!, ahora ésta es la pregunta a la cual todos quieren respuesta. «¿Cómo rompo las barreras? ¿Cómo llego a ser mejor cristiano, padre o cónyuge? ¿Cómo camino en la voluntad de Dios y avanzo en mi carrera, hago más dinero, o pierdo peso? ¿Cómo doy el salto cualitativo? ¿Cómo llego a ser todo lo que estoy destinado a ser, sin perder mi alma en el proceso?» Tengo buenas noticias para ti, mi amigo. Este libro te ayudará a encontrar respuestas a estas preguntas. Te dará soluciones prácticas. Te ayudará a formar hábitos proactivos que sean pasos que te lleven a crear una vida llena de significado y sentido. Como resultado llegarás a ser todo aquello que estás destinado a ser.

Algunas de las respuestas que descubrirás quizás no sean lo que quieres oír. Pueda que no te hagan cosquillas en los oídos. Pero encontrarás respuestas y soluciones reales. Descubrirás la verdadera esencia de una vida significativa y con sentido, una vida que rompe barreras y funciona a su mayor capacidad. Lo que vas a descubrir en las páginas de este libro, cambiará tu vida.

BIEN, ¿Y QUÉ HAY AQUÍ PARA TI?

En este momento imagino que estás ojeando la introducción de este libro en el pasillo de una librería. Quizás estés en un aeropuerto esperando tu vuelo y entraste a un negocio. Quizás un amigo te lo regaló. Allí estás parado después de hojear las primeras páginas, preguntándote: *Bien, ¿qué hay aquí para mí?* Quizás te estés preguntando: *¿Qué me está ofreciendo este libro que miles de otros no ofrecen?* ¡Qué gran pregunta! Es la pregunta adecuada. Ahora me corresponde a mí responderla.

Durante los últimos ocho años, le he hablado a una multitud de más de dos millones de personas. He aconsejado a miles y orado por decenas de miles en doce países en dos continentes. He sido el presentador de un programa radial en vivo, entrevistando a personas que han sido transformadas desde una condición de sobrevivientes al gozo de vidas que crecen y florecen. He vivido en Centroamérica y viajado extensamente por una región una vez arrasada por desastres naturales y guerras civiles. Mis ojos han visto lo milagroso. He visto a Dios reconstruir vidas quebrantadas. He visto a personas levantarse de las cenizas de la ruina total y sobrepasar sus más grandes sueños. ¿Cómo? Uniéndose con Aquel que los creó con propósito y destino.

He visto a miles de vidas transformadas. Sin importar tu raza, edad, género, estatus socioeconómico o logros académicos, seguir los principios de este libro te otorgará inimaginables beneficios. Nunca los he visto fallar.

Quizás sientas que otros se ven más contentos y más realizados que tú. ¿Está tu vida plagada por patrones monótonos y sin sentido? Si este es el caso, necesitas ayuda. Y yo quiero darte una mano.

Mi deseo es que llegues a ser todo lo que Dios quiso que fueras. Quiero que logres tu máximo potencial, más allá de todos tus sueños, aspiraciones y expectativas. Aun más, quiero que descubras verdadero significado y sentido. Más importante, quiero que descubras el poder de una relación con Dios que te librará de las cadenas que te han mantenido esclavizado. Este libro es la clave para una nueva vida que te ayudará a lograr tu máximo potencial. Tus días más grandiosos están por delante y el beneficio será inconmensurable. ¡Eso es lo que hay en estas páginas para ti!

En el capítulo 1, enfocaremos tres pasos esenciales que nos darán una saludable perspectiva para nuestro viaje. Luego, una vez que hayamos colocado ese fundamento, desarrollaremos el corazón de este libro: los tres pilares. Estos tres pilares—el corazón del Padre, la sabiduría del Hijo y la disciplina del Espíritu—son esenciales para una vida llena de significado y sentido. Si estás tratando en serio de llegar a ser todo lo que Dios quiere que seas, da vuelta la página y comencemos la tarea de romper las barreras que te impiden avanzar.

ROMPIENDO
las
barreras

CAPÍTULO 1

Colocando un fundamento sólido

COPIOSAS LLUVIAS y neblina intermitente le hacían muy difícil y peligroso conducir al misionero Richard Larson, en el Monte de la Muerte, una senda por una de las montañas más accidentadas de Centroamérica, a casi tres mil cuatrocientos metros de altura, con escasa visibilidad. No había alumbrado, la lluvia caía a cántaros y la única forma de saber que aún estaba en el camino era ir mirando las luces traseras de un enorme camión que corría casi treinta metros adelante. Donde iba el camión, Richard seguía. De pronto, sin aviso, las luces traseras desaparecieron. Después de unos segundos reaparecieron. Algo intrigado, Richard continuó manejando por un momento y luego, solo en su auto, escuchó a una voz decir: «¡*Detente!*»

Frenó inmediatamente. Deteniéndose en el preciso lugar

donde habían desaparecido momentáneamente las luces del camión, vio con asombro que su vehículo se había parado al borde de un precipicio. Todo el camino había desaparecido. Las fuertes lluvias tropicales habían socavado las montañas y causado un inmenso derrumbe. Una sección de unos 28 metros había sido tragada por un enorme barranco que bajaba en un ángulo de cuarenta y cinco grados a varios cientos de metros más abajo. Al parecer el chofer del camión había virado abruptamente a la izquierda, donde quedaba una sección antigua del camino en la ladera de la montaña y había sorteado el derrumbe. Por algunos breves momentos sus luces traseras desaparecieron de la vista de Larson. Debido a la voz misteriosa que escuchó el misionero esa noche de 1966, su vida cambió para siempre.

Hoy, Richard y Janice Larson siguen siendo misioneros y han logrado más que lo que las páginas de este libro podrían contener. Su hija mayor, Melodee, junto con su esposo, Larry, sirvieron de misioneros en la ciudad de México por más de quince años y han tenido un gran impacto en todo el país. El hijo mayor de los Larson, Mark, es vicepresidente de una compañía de buses de turismo que transporta a todo tipo de celebridades. Tuvo el privilegio de conducir al Presidente George W. Bush en las campañas anteriores a dos elecciones presidenciales. Cindee es su tercera hija. Es una ministra ordenada, presbítero general, evangelista en cruzadas para niños y madre de tres hijos. Sucede que es mi esposa. Steve es el hijo menor. Se graduó en la Escuela de Leyes con las mejores calificaciones de su curso y trabajó como empleado judicial para la Corte del Circuito Federal de Apelaciones en Washington, D.C., oyendo alegatos de todo el país. Actualmente trabaja para una prestigiosa firma en Newport Beach, California.

¿Qué podría haber sucedido a las vidas mencionadas si Richard Larson no hubiera escuchado la voz que le decía que se detuviera? ¿Qué podría ocurrir en tu vida, o en las vidas de quienes amas, si no haces caso de las señales en tu camino? Quizás Dios trata de llamar tu atención. Quizás te esté diciendo que te detengas. ¿Por qué? Porque quiere entregarte una clara misión y librarte de un descarrilamiento. Dios quiere que tu dirección sea muy clara y no quiere que caigas a un barranco. Por tanto, es importante que escojas el rumbo divino de Dios y hagas de Su rumbo, el tuyo.

Richard Larson tuvo un momento para cambiar su dirección y lo hizo. Cuando se te presenta tal momento para cambiar de ruta, es imperativo que respondas inmediatamente. Quizás el momento de cambiar esté aquí, ahora.

Este capítulo enfoca tres pasos importantes que nos preparan para el viaje. Estos pasos incluyen aceptar a Cristo como nuestro guía y fuente de dirección, aceptar la responsabilidad por nuestras propias decisiones, y aceptar el hecho de que Dios nos ama incondicionalmente. Completar estos pasos nos ayudará a colocar el fundamento correcto sobre el cual edificaremos tres pilares esenciales. Hacia el final del capítulo miraremos brevemente estos pilares y cómo nos dan el poder para romper las barreras que enfrentamos. Luego, en los capítulos siguientes, exploraremos cada uno en profundidad.

EL VIAJE COMIENZA AQUÍ

El primer paso para colocar un fundamento sólido para romper las barreras, sean cuales fueran, es tener el guía correcto. No hay nada peor para un navegante que tener las coordenadas erróneas. O imaginen tener el mapa equivocado. Nuestra habilidad para navegar por las turbulencias de la vida es vital, pero comúnmente tratamos de hacerlo sin la adecuada instrumentación. Necesitamos un compás. Debe ser de precisión. Debe ser confiable. No debe fallar. ¿Por qué? Porque nuestras vidas dependen de ello.

Hace algunos años, mi esposa y yo recibimos nuestras certificaciones de buceo. Como buceadores debemos poder navegar con cero visibilidades a través de fuertes corrientes, y también de noche. Esto es posible solo con un compás adecuado. Un buen compás puede guiarte a través de las tormentas más turbulentas, terrenos peligrosos y condiciones de niebla. Siempre indica hacia el norte.

La Biblia es el principal compás de la vida. Es el dispositivo guía más confiable en la historia del mundo. Ningún libro ha ayudado a tantas personas a moverse en la dirección correcta como la obra maestra inspirada por Dios. Es el «manual» de la vida. La Biblia contiene las leyes espirituales de Dios y las pautas que nos ayudan a vivir vidas sanas y santas. También siempre indica el norte. Y será nuestro compás en todo este viaje para romper las barreras que nos impiden avanzar.

CRISTO: NORTE VERDADERO

Cristo es la figura central del Nuevo Testamento y muchos de los profetas del Antiguo Testamento profetizaron Su venida. Cuando las autoridades de Su época le preguntaron quién era, respondió en Juan 14:6: «Yo soy el camino y la verdad y la vida. Nadie viene al Padre sino por mí» (NVI). Cristo es el camino, la verdad y la vida. La única forma de llegar al cielo es por medio de Él, pues es la puerta. Él conoce el camino. Él es el guía perfecto.

En mis viajes alrededor del mundo he aconsejado a numerosas personas. He descubierto a muchos tratando de navegar la vida con un compás roto. La forma en que ven al mundo está desfigurada. Perdidos y vulnerables, sus compases los llevan de lado o en círculos.

Algunas personas me han confesado que desearían no haber nacido nunca. O quizás envidian las vidas de otros. Cuando se miran al espejo, no les agrada lo que ven. No se sienten satisfechos con la forma como se desarrollan como personas.

Debido a su estado aparentemente impotente, tienen sentimientos de desamparo, depresión, alienación y soledad. Casi siempre estos sentimientos surgen al final del día. Cuando el cuarto se llena de silencio, cuando cesa todo el bullicio de la jornada y todos duermen, el dolor se hace insoportable. Ahí es cuando les abruma la angustia. La introspección negativa se impone. Como a la deriva, comienza a retumbar en sus cabezas.

En tales momentos todos necesitamos alivio. En medio de la tormenta, necesitamos dirección. Tarde o temprano, todos necesitamos un compás. Tarde o temprano, todos necesitamos ayuda. Tarde o temprano, todos necesitamos a Dios. Cuando pensamos que la vida carece de propósito, o que no vale la pena vivirla, Dios entra en el esquema y ofrece ser nuestro compás y guía. Cuando la turbulencia de la vida nos abruma, Su amor alumbra sobre nosotros y aleja las nubes. Justo cuando piensas que no vales nada, Dios dice que vales el precio de la muerte de Su Hijo.

Entregar tu vida a Cristo es el primer paso en la dirección correcta. Permítele a Él ser el compás y el guía que necesitas. Permite que Él te dé las herramientas para navegar tu vida. Si aceptas la oferta que Dios te hace, la luz volverá a brillar. Saldrás del túnel. Las nubes se disiparán. La turbulencia se calmará. Romperás las barreras. Recuerda, una vida conectada a la misión correcta tiene propósito. Conocer a Cristo te da la misión correcta.

¡HASTA AQUÍ LLEGA LA CULPA!

El segundo paso para colocar un fundamento sólido que rompa las barreras es aceptar la responsabilidad personal. Aquí es donde muchos de nosotros fallamos en nuestra búsqueda de progreso. En vez de aceptar la responsabilidad, muchos prefieren culpar a otros por sus problemas. Nos hemos convertido en una sociedad que culpa a los demás. Por ejemplo, durante una elección cada partido político culpa al otro por las condiciones inaceptables de la nación. Los hijos culpan a sus padres por criarlos demasiado estrictamente. Los padres culpan a los colegios por la mala educación. Los profesores culpan a los distritos o municipios por insuficientes fondos. La gente culpa a los gobiernos. Los gobiernos culpan a otros gobiernos. Y tarde o temprano, todos culpan a Dios. Hemos llegado a ser un mundo de expertos en pasar la culpa, evadiendo la responsabilidad como si fuera una enfermedad.

Por ejemplo, tener sobrepeso. Esta es una lucha común para muchas personas. Por doce años tuve veintiocho kilos de sobrepeso. Hoy es algo que sigo monitoreando muy de cerca. Comía más de lo debido porque no podía manejar la ansiedad que me rondaba.

Si luchas con tu peso, quiero que sepas que yo te comprendo. La comida es algo distinto de cualquier otro asunto que enfrentamos. A diferencia de los narcóticos, los cigarrillos o el alcohol, necesitamos alimento para sobrevivir.

Para empeorar las cosas, los anunciantes nos bombardean constantemente con imágenes que nos incitan a comprar sus productos. Cuando convergen las fuerzas de la publicidad, el hambre y el insomnio emocional, no es de admirarse que tantas personas luchen con su peso. Existen muchas explicaciones diferentes para el sobrepeso. Sin embargo, no podemos cargar nuestra responsabilidad a algo o alguien ajeno a nosotros mismos. Cuando todo está dicho, nosotros somos los que elegimos comprar el producto, abrir nuestras bocas y darnos un gusto.

Si el comer demasiado es tu barrera, debes tomar la decisión de sobreponerte a ella. Tú debes tomar la responsabilidad. No esperes que alguien te cambie. No esperes que se detenga el caos emocional antes de dar tu primer paso. No coloques tu esperanza en alguna píldora milagrosa que te dé un cuerpo perfecto. No esperes hasta que se pase tu ansiedad o *sientas* que tu vida está en orden. Escoge romper la barrera y aprende a enfrentar los asuntos que subyacen en tu lucha.

Pide ayuda a Dios y con Su ayuda, vencerás. Recuerda, sea cual fuere la razón de tu lucha, para que puedas librarte de tus patrones destructivos, debes tomar la responsabilidad, alinearte con Dios y desarrollar la autodisciplina para cuidar de tu organismo. Asume hoy la responsabilidad de tu condición y pide la guía de Dios para ayudarte a vivir una vida sana. Echarles la culpa a otros daña solo a una persona: tú.

Lo mismo se puede decir para aquellos que están inmersos en deudas. Las personas culpan a sus empleadores por no pagarles «lo que valen». O culpan a sus cónyuges por ser gastadores compulsivos. En vez de ser responsables y vivir dentro de un presupuesto, les echan la culpa a otros por sus problemas financieros. En su fracaso económico, culpan a las tasas de interés, a los mercados financieros y aun al presidente. Los humanos están constantemente buscando chivos expiatorios para su fracaso en sus metas financieras.

El matrimonio no está exento del juego de la culpa. Muchas veces he escuchado a esposas quejarse que no están contentas porque sus esposos no las hacen felices. Asumen que sus maridos existen para este solo propósito. Los varones responden reclamando que se les descuida, por lo que se sienten autorizados para involucrarse en actividades extramaritales.

En vez de jugar al juego de culpar, los cónyuges deberían reconocer que no se puede depender el uno del otro para su propia felicidad. Ninguna de las promesas matrimoniales que he leído dicen que un cónyuge existe para hacer feliz al otro. Al fin y al cabo, cada persona en un matrimonio es responsable de su propia felicidad.

Es asombroso como nuestra sociedad culpa a los padres por los errores que cometen sus hijos cuando llegan a ser adultos. Si alguien resulta ser un quebrantador de la ley o una amenaza a la sociedad, lo primero que hacemos es señalar a sus padres. Es verdad que éstos llevan mucha de la carga y los hijos deben ser guiados. Podemos ver la importancia de nutrir y guiarlos en su desarrollo hacia la adultez. Pero una vez que han crecido, son responsables por sus propias decisiones y acciones. Muchos provienen de malos hogares y resultan ser personas extraordinarias. Otros provienen de hogares excepcionales y se convierten en personas horribles. En última instancia, el individuo que actúa es el responsable. El hecho de que una persona haya sido criada en un hogar donde había violencia, descuido o abuso, no quiere decir que deba repetir las mismas conductas como adulto. Si lo hace, es porque escoge hacerlo.

La misma tensión existe en el lugar de trabajo, donde el jefe puede ser visto como alguien cuyo único propósito es entorpecer a los empleados y decir no a cada petición que se le hace. O quizás el sabotaje de los colegas es percibida como la razón por la cual no se concedió una promoción o un aumento de sueldo. Ciertos compañeros de trabajo parecen ser más favorecidos, mientras que otros quedan atascados en una rutina sin sentido ni salida. El dedo de la culpa y la responsabilidad siempre apunta hacia otros.

En última instancia, debemos hacernos la pregunta: «¿Estoy logrando mi máximo potencial?» ¿Es tu respuesta sí o no? Te tengo noticias: Si deseamos llegar a ser todo lo que fuimos destinados a ser, necesitamos dejar de culpar a otros por nuestra condición. Debemos asumir la responsabilidad por nuestras propias vidas.

Piensa en esto por un momento. Si quieres casarte con alguien, nadie más puede casarse con esa persona por ti. Nadie puede beber agua por ti. Nadie puede bajar de peso por ti. Nadie puede adquirir músculos por tu cuerpo. Nadie puede comer bien para que tu cuerpo reciba nutrición. Nadie puede estudiar para que tu cerebro se llene de información. ¿Puede alguien respirar por otra persona? ¿Puede alguien hacer ejercicio por otra persona? ¿Puede alguien dormir por otra persona? No. Solo nosotros podemos hacer estas cosas por nosotros mismos. Por tanto, si quieres vencer y llegar a ser todo lo que fuiste destinado a ser, deja de culpar a otros por tu escaso avance. Toma la responsabilidad de tu vida. Sé responsable de las elecciones que has hecho. ¡La culpa termina aquí!

EL AMOR DE DIOS TE CONDUCIRÁ

El tercer paso para colocar un fundamento sólido que rompa las barreras es aceptar que Dios te ama incondicionalmente. Esta es una verdad simple: Dios te ama y desea lo mejor para tu vida. ¿Por qué? Porque eres Su hijo. Has sido creado a Su imagen. ¿Qué padre desea lo peor para su hijo? ¿Qué padre quiere que sus hijos sufran o queden estancados? ¿Qué padre desea que su hijo termine como perdedor? Como padres queremos que nuestros hijos crezcan sanos y logren su máximo potencial.

Esto es lo que la Biblia dice de ti en Gálatas 3:26: «Todos ustedes son hijos de Dios mediante la fe en Cristo Jesús» (NVI). Deuteronomio 23:5 declara: «Por el amor que el Señor tu Dios siente por ti, no quiso el Señor escuchar a Balaám y cambió la maldición en bendición» (NVI). Jesús declara en Juan 16:27: «El padre mismo los ama porque me han amado y han creído que yo he venido de parte de Dios» (NVI). Zacarías 2:8 declara: «La nación que toca a mi pueblo, me toca la niña de los ojos» (NVI).

Mi esposa y yo tenemos tres hermosas hijas. Cada una es única. Cada una es especial. Cada una es maravillosa a su manera. No son perfectas, pero cuando las veo, mi corazón no puede sino derretirse. Cuando me miran con sus grandes ojos y expresiones inocentes, no son menos que la niña de mis ojos. ¿Por qué? Porque son mis niñas. Son parte de mí. Existe un vínculo entre nosotros. Sea o no que mis niñas estén conscientes de ese hecho no hace diferencia alguna. Si se dan cuenta que han sido formadas a mi imagen no tiene ninguna consecuencia. Tenemos una unión que nadie puede borrar. Este es un hecho irrefutable. Lo mismo ocurre entre Dios y nosotros.

Génesis 1:26 cita las palabras de Dios que dice: «Hagamos al ser humano a nuestra imagen y semejanza. Que tenga dominio sobre los peces del mar y sobre las aves del cielo; sobre los animales domésticos, sobre los animales salvajes y sobre todos los reptiles que se arrastran por el suelo» (NVI). Parte de nuestro código genético viene de Dios. Fuimos creados a Su imagen. Debido a este vínculo, Él nos ama. Desea que crezcamos y prosperemos. Somos Sus hijos y de la misma manera que un niño que alcanza su potencial es un reflejo positivo de sus padres, nuestro progreso en romper barreras es un reflejo positivo de nuestro Padre celestial. En consecuencia, Él desea que nos movamos más allá de los desafíos que nos detienen para cumplir Su plan divino en nuestras vidas. Él quiere que rompamos barreras.

LOS TRES PILARES

Para poder superar cualquier problema, obstáculo, desafío o barrera, debemos tener los valores correctos (el corazón del Padre); buen juicio (la sabiduría del Hijo); y fuerza (la disciplina del Espíritu). Estos son los tres pilares que forman una vida bendecida y significativa, una vida que alcanza su potencial. Estos pilares rompen barreras, no importa cuan grandes o difíciles sean. Abren un mundo nuevo lleno de significado, sentido y potencial.

Estos pilares no son un programa de tres pasos. Cada uno es esencial y perfectamente unido al otro. Si abrazamos solo uno o dos de los tres, dejamos un enorme hoyo.

El primer pilar es el corazón del Padre, un corazón de integridad, santidad, virtud y decencia. En esencia, es el carácter de Dios Padre. Este es el compás moral o dirección santa que necesitamos para darnos la misión adecuada que nos ayuda a alinearnos en el *por qué* estamos aquí. Trataré el primer pilar en profundidad en los capítulos 2 y 3.

El segundo pilar es la sabiduría del Hijo que nos da la habilidad para ser personas buenas y tomar buenas decisiones en armonía con nuestra misión. Con sabiduría divina basada en la mente de Cristo, juzgamos cada decisión que hacemos a la luz de nuestra misión dada por Dios. Muchas personas son buenas, pero pocas son buenas y sabias. La sabiduría nos ayuda a decidir *qué* debemos hacer. Los capítulos 4 y 5 tratan con el poder de la sabiduría de Dios para romper barreras.

El tercer pilar es la disciplina del Espíritu que nos aporta la fuerza necesaria para poner en práctica las buenas decisiones basadas en el carácter y la sabiduría de Dios. Muchos de nosotros reconocemos lo que es el correcto curso de acción pero no tenemos la energía y disciplina para asumirlo. El Espíritu Santo nos da el poder para completar *cómo* hacerlo. Los capítulos 6 y 7 enfocan este tercer pilar.

Estos tres pilares juntos son lo que necesitamos para tener una vida significativa y con sentido. Una vida significativa y con sentido no viene envuelta en el materialismo, la superficialidad o un falso sentido del éxito. El verdadero propósito, significado y éxito vienen solo cuando vivimos en armonía con el propósito de Dios para nuestras vidas. Al cumplir el propósito de Dios, y vivir en el círculo de dirección divina, sabiduría divina y fuerza divina, no podemos sino romper las barreras que tratan de detenernos.

Mantén esto en mente: debemos adscribirnos a los principios ya referidos para tener éxito. No podemos tomar un atajo a través de ellos o encontrar un camino que los rodee. No alentaría a nadie a que siguiera leyendo como si esto fuera un libro de autoayuda de tres pasos destinado a hacer de él o ella, en un mes, la persona más exitosa del mundo. Alcanzar tu máximo potencial no es fácil. ¡Es trabajo duro!

¿Entonces, dónde está el punto de partida? Puedes comenzar aquí, ahora mismo, así como estás. La siguiente historia ilustra que no importa quién eres, de dónde vienes, o qué desafíos enfrentas. Dios te ama y te ayudará a superar las barreras más duras. ¡Él es tu más grande aliado!

¿QUÉ ESTÁS HACIENDO CON TU VIDA?

En diciembre de 2003 recibí una llamada de mi coordinador de cruzadas. Dijo que había hablado con un joven que quería venir a contarme su historia. Le pregunté si sabía algo acerca del joven. Respondió: «¡Todo lo que sé es que querrás oír esto!»

Cuando el joven vino a nuestros estudios para la reunión, se presentó como John. Su entrevista duró más de una hora.

Lo senté en una silla mientras nuestro técnico de sonido conectaba el micrófono y preparaba el audio. Comprobé la cámara e hice algunos ajustes a las luces. Comenzamos a grabar. Recuerdo que estaba transpirando, probablemente porque nunca antes había sido entrevistado frente a cámaras. Le pasé una toalla para que se secara la frente. Mientras pensaba en lo que me había dicho el coordinador de cruzada, noté al joven respirar profundo varias veces. Recapacitando después, me di cuenta de que mi ayudante tenía razón. Lo que escuché ese día tuvo un poderoso impacto en mi vida. Hasta el día de hoy considero una bendición para el ministerio haber grabado su testimonio en video.

Me devolvió la toalla y movió la cabeza. Dije: «Si estás listo, empecemos». Conté desde tres, le indiqué y dije: «Empieza».

Respondió: «Uh, ¿dónde quieres que comience?»

Sonreí y dije: «¿Por qué no comenzar desde el útero?» Él se rió. Era el rompehielos que necesitaba.

Durante su entrevista, que contenía detalles gráficos del abuso sexual, físico y emocional que había soportado de sus padres, John contó como había caído en una vida de drogadicción y alcoholismo antes de los diez años. Después de cinco años de vivir rebelde y sin supervisión en las calles de Centroamérica, tropezó con una de nuestras campañas al aire libre y entregó su vida a Cristo. Por nueve largos meses, John trató de dejar atrás su pasado mientras asistía a una iglesia local, pero nunca se sintió comprendido ni aceptado. El cambio en su vida duró solo una corta estación.

Una vez más se volvió a las drogas y a los patrones destructivos que había abrazado antes. A los dieciocho años se mudó con una mujer joven que tenía dos hijos de una relación previa. Un día que volvió a casa temprano del trabajo, la encontró en la cama con otro hombre, lo que resultó en un altercado explosivo. La policía lo arrestó y cayó a la cárcel.

Desgraciadamente, la vida detrás de las rejas no favorecía su crecimiento espiritual. Los viejos hábitos son difíciles de erradicar. Cuando John salió, volvió a los dos compañeros de toda su vida: las drogas y el alcohol.

Un día se levantó y siguió su rutina normal de echarle fuego a su pipa y fumar crack. Esa tarde vagó por las calles, ajeno y volado, y entró tambaleante a nuestro sitio de cruzada. Al escuchar el mensaje, considerando las decisiones que había tomado hasta este punto, se preguntó a sí mismo, *¿Qué estoy haciendo con mi vida?*

Luego escuchó las palabras de Cristo que leí en Juan 8:36: «Así, si el Hijo los libera, serán ustedes verdaderamente libres» (NVI). En ese momento tomó una decisión. Decidió entregar el control de su vida al Señor. Abrazó a Dios como la brújula de su vida. Juan pasó adelante en un mar de cinco mil personas durante la invitación y le pidió perdón a Dios. Una vez más, descubrió el amor de Dios y se dio cuenta que Cristo murió por sus pecados. Esta vez, las cosas serían diferentes. Escogió la dirección de Dios para su vida.

En las semanas que siguieron a la campaña, alguien de una iglesia local lo presentó al líder de un grupo pequeño para aquellos que provenían de trasfondos similares. Decidió asistir. Fue la primera vez que alguien se había interesado en él. Se le llenaron los ojos con lágrimas mientras aceptaba la invitación. Semana tras semana, John asistió fielmente a las reuniones. Después de varios meses, asistió a un ritiro un fin de semana con 120 jóvenes que, como él, luchaban con adicciones y provenían de hogares abusivos. Ese fin de semana resultó ser el más importante de su vida.

Los consejeros oraron con él y le guiaron a través del proceso de tratar con su pasado doloroso y abusivo. Le ayudaron a orar entregando sus sentimientos de rechazo, abandono y alienación. Más importante aún, le ayudaron a perdonar a aquellos que lo habían lastimado.

Desde junio de 2003 ha asistido fielmente a su pequeño grupo sin caer de nuevo en las drogas. En 2005 fue reclutado como líder y hoy conduce un pequeño grupo. ¡Se ha transformado en un nuevo hombre!

Cuando terminó de contarme su historia, el silencio impregnó la sala. Después de unos momentos le pregunté si podría usar su testimonio. Respondió: «Es por eso que vine, para ayudar a cuantas personas pueda. Puedes compartir esto con cualquiera que pienses que se beneficiará con mi historia».

Durante su tiempo con nosotros, ni una sola vez culpó a alguien por sus problemas. Reconoció cada error. Asumió responsabilidad por sus propias acciones. Reconoció el amor de Dios. Reconoció la dirección de Dios y adquirió una nueva brújula. Se arrepintió. Pidió y recibió el perdón de Dios. Se abrió paso por algunas de las barreras más difíciles posibles y sigue en el proceso de convertirse en un ser humano sobresaliente. Desde 2003 John ha hecho algo de su vida.

Ahora bien, si un joven que fue abusado física, sexual y emocionalmente, que enfrentó la pobreza y el rechazo, puede resistirse a culpar a otros por su vida trágica, ¿podemos encontrar la fuerza para hacer lo mismo? Demasiadas personas culpan a otros por sus problemas. En vez de eso ¡sé un hombre! ¡Sé una mujer! Apodérate de tu vida y toma tu responsabilidad. Pregúntate, *¿Qué estoy haciendo con mi vida?*

Aprendí algo de John. Descubrí que a los ojos de Dios ningún vicio es invencible. Ninguna vida es irredimible. Ningún acto es imperdonable. Ninguna barrera es irrompible. Descubrí que con la ayuda de Dios cualquiera puede cambiar. Cualquiera puede ser restaurado. Cualquiera puede ser sanado. Cualquiera puede ser liberado. Ninguna tormenta dura para siempre. Ninguna montaña es demasiado alta. Ningún muro es demasiado grueso. Ningún obstáculo es demasiado difícil a la luz del poder de Dios para ayudarnos a romper las barreras.

Así que demos juntos el próximo paso, abraza esta idea: Dios te ama y tiene un propósito para tu vida. Él provee a Su Hijo como está revelado en la Biblia, como un compás y un guía. Te pide que seas responsable por tus acciones y las decisiones que has tomado (ver Romanos 14:12). Aunque pueden presentarse tiempos difíciles, tú los superarás y el Señor te fortalecerá. Porque fuiste creado a su imagen, Él te ama y provee los medios necesarios para que alcances tu máximo potencial.

∽✠∾

Hasta aquí, hemos aprendido tres lecciones maravillosas para el viaje. Podemos depender de Cristo y la Biblia como guías perfectos. No necesitamos seguir culpando a otros por nuestras desilusiones. Hemos aprendido que el Creador del universo nos ama incondicionalmente. Ahora, ¿estás dispuesto a desatar el poder de Dios en contra de tus barreras? ¿Estás listo para ver su mano moverse? ¡Confío que así sea!

En los próximos dos capítulos, compartiré contigo cómo superar tus barreras con el poder del corazón de Dios. Descubrirás la importancia de tener un corazón íntegro, santo, virtuoso y decente y cómo estos atributos son el punto de partida necesario para superar los desafíos de la vida. ¡Como resultado de aferrarte al corazón de Dios, estarás rumbo a una vida llena de significado y sentido!

Te voy a pedir algo. Confío que no te sientas incómodo. Vamos a terminar nuestro tiempo con un momento de meditación con el Señor. De todas las lecciones que hemos aprendido, ésta es la más importante. La oración y la meditación son la puerta por las cuales nos acercamos al primer pilar. Por tanto, di las siguientes palabras como una oración y dedicación a la tarea de romper juntos las barreras:

Amado Dios, gracias por la oportunidad de vivir. Tú me diste el maravilloso don de la vida. Tú me diste un propósito divino y un destino impresionante. Ayúdame a aprovechar bien mi existencia. Y ayúdame a superar esos obstáculos que han mantenido encadenada mi vida. Quiero alcanzar mi máximo potencial y acompañado de Ti es la única manera que puedo hacerlo. Me doy cuenta que podrán presentarse tiempos difíciles. Sin embargo, Tú me dirigirás a través de ellos, porque me amas.

Te pido tu guía. Te pido que seas mi compás. Condúceme en la dirección correcta. Señor Jesús, te necesito. Necesito que entres en mi vida y transformes mi mente y la forma en que veo las cosas. Te pido que me perdones por cualquiera ofensa que he hecho a Ti o a otros. Entra en mi corazón y sé el Señor de mi vida. Dame un corazón humilde que no esté lleno de orgullo. Me encomiendo a Ti y pido la fuerza para abrazar los principios bosquejados en este libro.

Me embarco ahora en la aventura de llegar a conocerte. Sobretodo, me entrego a todo lo que pidas de mí durante este proceso de cambio. Ayúdame a ser fuerte, obediente y abierto a Tu cambio para mi vida. Hazte real para mí cada nuevo día. Oro en el nombre de Cristo. Amén.

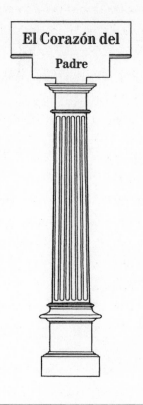

El Corazón del Padre

Valores Correctos

Compás Moral	Bondad	Benignidad
Amor	Fidelidad	Dominio Propio
Paciencia	Gozo	Misión Divina

EL CORAZÓN DEL PADRE

Dios el Padre está lleno de compasión y hermosos atributos. Siempre ha traído redención, salud y bondad a la humanidad. En tiempos de prueba y dificultad, Su corazón actúa como un compás moral, guiándonos a través de las tormentas de la vida. El corazón del Padre es el primer pilar en nuestra búsqueda por romper las barreras que nos separan para llegar a ser todo lo que Dios quiere que seamos.

Cuando establecemos un corazón que es santo y puro, experimentaremos amor, paciencia, bondad, fidelidad, gozo, amabilidad, una sana autoestima y disciplina. Este es el primer paso hacia una vida llena de significado y sentido.

CAPÍTULO 2

Aferrándonos al corazón de Dios

E L FERIADO DE SEMANA santa fue siempre una gran época
del año para mí. Una semana sin colegio y sin tareas pro-
porcionaba un tiempo fértil de diversión y entretenimiento.
Mi mamá salía a trabajar cada uno de los cinco días, y mi
padre me controlaba de vez en cuando. El año que cumplí los
once, la semana santa no fue diferente. Me sentía libre de
carga y estrés.

En ese tiempo jugaba hockey en una liga para niños. Un
día armé la red en nuestro garaje. Con una pelota de tenis
practiqué mis tiros de hockey tratando de mejorar mi pun-
tería. Después de varias horas comenzó a llover y entré a casa.
La lluvia complicaba la práctica y, además, no era muy diver-
tido jugar solo. No podía invitar a amigos cuando no estaba
mi mamá en casa. El día siguiente cuando ella estaba en el

trabajo, coloqué nuevamente la red, pero esta vez mi vecino me preguntó si podía jugar. No pensé que sería problema ya que no entraría a la casa. Por eso acepté. No sabía que mi aceptación iba a ser parte de una fórmula para el desastre.

En vez de practicar nuestra habilidad de marcar goles, decidimos jugar un partido uno-a-uno. El pequeño garaje apenas suficiente para el Escarabajo Volkswagen 1969, difícilmente tenía el espacio para un partido de hockey. Sin embargo, las ramificaciones de una potencial catástrofe en ese momento no tuvieron cabida en mi mente. Quería ganar a toda costa, especialmente en contra de un vecino dos años mayor que yo que me había ganado en casi todos los demás deportes.

Algunas veces la pelota caía al barro donde el día anterior la lluvia había golpeado el suelo por varias horas. Sacarla del fango y volverla al juego fue mi segundo error. Después de recoger la pelota del barro seis o siete veces, el garaje tomó un aspecto nuevo. Fue como si lo hubiéramos repintado haciendo rebotar una esponja empapada a plena capacidad con una sustancia negruzca.

Las paredes del garaje estaban hechas de estuco y el cielo raso abovedado era de madera recién pintada de blanco. A poco andar, el juego se tornó más feroz y violento. La pelota comenzó a rebotar desde el cielo raso a la pared y al piso. Como una super pelota explotando en una superficie de concreto, el empapado disco redondo de hockey dejó su marca a lo menos varios cientos de veces. Cada vez que la pelota dejaba una enorme mancha en la pared, las salpicaduras nos pegaban en la cara también. El hermoso y recién pintado garaje de mamá muy pronto pareció el escenario de un desastre infantil.

Hubo algo de buenas noticias en todo esto. Cuando terminó la tarde, gané el campeonato. Era el vencedor. Era el campeón. Fue una de las primeras veces que le había ganado al niño de octavo año en *un* deporte. Aunque volvió cabizbajo por la derrota, tuvo bastante suerte al evitar la ira que estaba por llegar a casa en un Escarabajo VW celeste.

Generalmente salíamos a comer los viernes por la noche y yo quería ducharme antes que llegara mi mamá. Así que comencé a bajar la red y guardar mis palos de hockey. Ni una vez pensé acerca de las consecuencias de nuestras acciones. Casi no me fijé en los cientos de diseños de lunares que quedaron estampados. Tampoco pensé en lo que diría mi madre cuando los viera.

A las 6:30 p.m. cayó la oscuridad sobre el sur de California. Ella entró el auto al garaje y se bajó. Mirando perpleja al principio, observó las paredes por breves momentos. Entró a casa y dijo: «Jason, ¿estuviste jugando en el garaje?» Era el momento de enfrentar los hechos: nuestro partido de hockey había dejado evidencias obvias de juego violento —de hecho, parecía una zona de guerra en miniatura— y aunque mi primer instinto fue hacerme el desentendido, con mi madre no se podía, y mis intentos por ocultar la verdad fueron inútiles.

Dije: «Bueno, mm, sí, estuve jugando. Pero solo practicaba».

«¿Qué practicabas?» preguntó en tono muy serio.

«Hockey».

Sin una palabra volvió al garaje a inspeccionar más de cerca los daños.

Pasaron alrededor de diez segundos antes que llegara la primera confirmación de mi fatalidad inminente con un grito autoritario. «¡Jason, ven aquí ahora mismo!» Una vez que salí, exclamó: «¿Qué barbaridad hiciste para cubrir las paredes y el cielo raso con barro? Hay manchas en todas partes».

«Fue la pelota».

«¿Qué me quieres decir con que *fue la pelota*?»

«Estábamos jugando hockey y la pelota rebotó contra la pared».

«¡Espera un minuto!» exclamó. «¿Quiénes *estaban*?»

¡Oops! Ya lo había largado. Habíamos llegado al punto sin retorno. Mejor hacía los preparativos para mi funeral.

«Yo y Scott...»

«¿Me quieres decir que estuviste con un amigo aquí cuando ni tu padre ni yo estábamos en casa?» interrogó. «No lo puedo creer. Simplemente no lo puedo creer. ¡Entra en la casa!»

«¿No vamos a salir a comer?», pregunté tímidamente.

Me miró con ojos de acero. Si las miradas pudieran matar, yo hubiera sido incinerado en ese mismo instante de 1977 por los penetrantes rayos láser que salían de unos ojos azules. Apretó sus dientes y gruñó: «¿Qué piensas tú?»

La mayoría del tiempo, mis ojos azules claro y pelo castaño crespo me ayudaban a salir de cualquier entuerto.

No ocurrió esta vez. No, esta vez estaba frito. Mi culpa era ostensible y la evidencia era abrumadora. No había donde esconderse y nadie que me protegiera.

Llamó a mi papa que estaba de turno en el bar esa noche. «¡Bob, no vas a creer lo que hizo tu hijo hoy!» Le explicó todo lo ocurrido. Desgraciadamente, omitió la parte acerca de cómo *gané* el partido, que podría haber contribuido a mi causa desde la perspectiva de papá. Por cierto, considerando lo enojada que estaba, era lógico que olvidara esa parte.

Durante el partido de hockey nunca se me ocurrió que este emocionante pasatiempo me iba a causar grandes problemas en el futuro cercano. Era obvio que la pelota lanzaba el barro a todas partes. Sabía muy bien que no podía llevar amigos a casa cuando no estuvieran mis padres. Obviamente, arruinarle la pintura nueva enfurecería a mi mamá. Logré ignorar todo eso y disfrutar el juego, sin siquiera pensar en el costo.

Pero mis padres nunca me disciplinaron por el incidente. Mi único castigo fue escuchar a mi mamá llorar lágrimas de frustración por mi desobediencia y fracaso en cumplir las reglas. Entender el dolor que le había causado fue suficiente castigo para mí. Comenzó a limpiar pero no pudo terminar ni un tercio de la tarea. El día siguiente le ayudé a escobillar y limpiar las paredes y el cielo raso hasta que estuvo terminado. Dentro de una semana, todo había vuelto a la normalidad.

Ese incidente me enseñó algo acerca de la naturaleza humana. Todo niño se mete en problemas. Todo niño tiene el potencial de hacer algo desastroso. Cada niño tarde o temprano desobedece a sus padres. Los niños también tienen la habilidad de mentir y engañarse a sí mismos. El corazón es engañoso y tal defecto no desaparece con la edad. Simplemente se pone más astuto e ingenioso con el pasar del tiempo. «Nada hay tan engañoso como el corazón. No tiene remedio. ¿Quién puede comprenderlo?» (Jeremías 17. 9 NVI). El único remedio para una naturaleza caída y un corazón engañoso es aferrarse al corazón de Dios.

Este libro abraza tres importantes pilares que nos ayudan a romper barreras y alcanzar una vida de sentido significativo y realización. El primer pilar representa un fuerte rechazo a la corrupción, el engaño, la malicia, el odio, el temor, la mentira y la infidelidad. Es un movimiento hacia abrazar el carácter y corazón de Dios el Padre.

Este capítulo nos ayuda a construir el pilar del corazón de Dios en nuestras vidas. Examinaremos nuestros corazones a la luz de la bondad de Dios y aprenderemos los pasos necesarios para crear un corazón santo.

El carácter santo es el bloque de construcción más fundamental e importante en nuestras vidas. Todo lo que hacemos, pensamos y decimos refleja lo que hay adentro. Porque lo que hacemos es un reflejo de lo que somos. No somos quienes somos por lo que hacemos. Hacemos lo que hacemos por ser quienes somos. Todo lo honesto, santo, virtuoso y decente proviene del corazón de Dios. Si queremos establecer el primer pilar en nuestras vidas, debemos abrazar todas estas cualidades y vivirlas en todo lo que hacemos y decimos.

EL ESPEJO NUNCA MIENTE

Durante mis primeros dos años en la universidad, trabajé en un Centro de Partes y Servicios Sears en Santa Ana, California. Hubo un día cada año que me desagradó de manera superlativa: el día del inventario. Contar cada tornillo, pieza plástica y cualquier cosa que no estuviera atornillada, llenaba las ocho horas más meticulosas que pasaba cada enero. Hacer el inventario era incómodo. Consumía tiempo. A veces, era doloroso. Pero, a pesar de la molestia que representaba, comprendía que era necesario.

Hacer un inventario es como ir al médico para chequear su colesterol y presión sanguínea. Sin duda, el doctor te dice que hagas más ejercicio, que comas mejor y que reduzcas tus niveles de estrés. Después de toda la experiencia de ser escarbado y pinchado con instrumentos y agujas, piensas, *Me sentía bien antes de entrar, ¿así que por qué me siento tan horrible después de mi chequeo?* Esto es porque el médico ha hecho un inventario de tu salud y te ha dicho la verdad acerca de tu condición. Sí, a veces es doloroso. Sí, consume tiempo. Sí, es incómodo e intimidante. Pero, en última instancia, es necesario.

Llega un momento en nuestras vidas en que debemos enfrentar los hechos. Debemos mirar en el espejo y aceptar la verdad acerca de quienes somos como cónyuges, padres, niños, personas, e hijos de Dios. El espejo nunca miente. Debemos aceptar lo bueno y lo malo. Sólo entonces podemos comenzar a tomar los pasos apropiados para alinear nuestros corazones con el de Dios. Esto es esencial porque el corazón es muy engañoso: «El que odia se esconde tras sus palabras, pero en lo íntimo alberga perfidia» (Proverbios 26.24 NVI).

Demasiadas personas ignoran la condición de sus corazones. Muchos de nosotros pensamos que las cosas son mejores de lo que realmente son. En cierto modo es como subir de peso. No nos damos cuenta cuánta comida consumimos en un día, y al fin de mes, cuando nos subimos a la pesa, no podemos creer que subimos otro par de kilos. Lo mismo pasa con las deudas. Muchos de nosotros gastamos mucho más de lo que nos damos cuenta. Pero a fin del mes, la realidad nos enfrenta desde la pantalla del computador, declaración de tarjeta de crédito, o chequera. Lo mismo pasa con el desorden escondido en nuestros corazones. La mayoría del tiempo, no estamos conscientes de cuánta oscuridad merodea en nuestro ser interior.

Cuando le echas una mirada a lo que está por dentro ¿qué descubres? ¿Qué dices cuando estás manejando solo en las calles populosas de tu ciudad? ¿Quebrantas las leyes del camino? ¿Qué pensamientos entretienes cuando estás parado solo en la fila en el banco y nadie sabe quién eres? ¿Cómo te comportas en tus vacaciones en la playa? ¿Qué cosas dudosas haces que no harías en casa? ¿Cómo te comportas entre extraños? ¿Qué programas de TV ves cuando no puedes dormir en la noche o cuando nadie más está en casa? ¿Qué dices a espaldas de tus colegas? ¿Manejas éticamente tus finanzas?

¿Cuáles son los pecados y patrones oscuros de destrucción dentro de tu corazón?

La Biblia dice en Romanos 3.23: «Todos han pecado y están privados de la gloria de Dios» (NVI). Esto significa que no importa cuán *buenos* seamos, seguimos siendo culpables de algo. El ser *bueno* no es suficiente medida. Nadie está exento. Nadie es perfecto. Por esta razón, es vital que abracemos la misericordia y el perdón de Dios. Dios el Padre nos ofrece su mismo corazón. ¡Ahora es el momento de aceptarlo!

EL CORAZÓN DEL ASUNTO

El corazón de Dios Padre valora y proyecta amor, bondad, paciencia, santidad, virtud, rectitud, justicia, verdad, honradez, fidelidad, perseverancia, respeto, disciplina, integridad, servicio, disposición a aprender y autoestima. Al encarar la diversidad, desafío o la rutina diaria, estos rasgos gobiernan nuestras acciones y respuestas. En lo que queda de este capítulo, aprenderemos los cinco pasos para crear el primer pilar, el corazón del Padre.

1. El deseo de crear un corazón santo

Todo lo que hacemos lo iniciamos deseándolo. Debemos anhelar un corazón santo. Debemos tener un profundo anhelo de asumir el carácter y los valores de Dios. Una vez que hayamos decidido que un corazón recto es imperativo para nuestras vidas, podemos comenzar el proceso de llegar a ser todo lo que fuimos destinados a ser.

Mi búsqueda de redención espiritual comenzó a los quince años de edad. Me miré al espejo la mañana después de otra noche de fiesta en mi pequeño pueblo natal. Había pasado la noche en casa de mi amigo después de tomar un paquete de seis tarros de Licor malteado Schlitz. Recuerdo vívidamente la cerveza, especialmente su extraordinario efecto. Aun peor, recuerdo su olor rancio en mi ropa. No sé qué es peor, la resaca o el olor a cerveza en tu ropa. En ese momento, no era un alcohólico. Pero los patrones de destrucción alcohólica estaban formándose velozmente en mi adolescencia. Bebía un par de cervezas a la semana. Para empeorar las cosas, los padres de mi amigo pasaban mucho tiempo fuera de casa, y como resultado nos dejaban sin supervisión cuando nos juntábamos.

Al mirarme fijamente en el espejo, con los ojos rojos y el pelo como nido de pájaro, me dije a mí mismo y a Dios: *Oh, Señor, no quiero llegar a ser lo que estoy llegando a ser. ¡Dios, por favor ayúdame a cambiar! Quiero dejar atrás esta vida de destrucción*. En ese momento nació en mi corazón el deseo de cambiar. No estaba seguro de lo que quería llegar a ser, pero sabía sin sombra de duda lo que no quería llegar a ser. Sabía que no quería llegar a ser un borracho o alguien que dejaba que su vida desapareciera con el abuso de las drogas. Quería que mi vida contara por algo significativo.

No le restes importancia a este primer paso. Un cambio

de corazón comienza con un deseo. Y no solo por tener el corazón de Dios podrás romper tus barreras; definitivamente te salvará de hacer elecciones que marcarían tu vida y la de tus seres queridos para siempre.

¿Aún no estás convencido? Quizás estás diciendo: «Yo sé que debo trabajar en ser una mejor persona. Sé que debiera esforzarme por tener un corazón santo, pero es que no veo por qué esto es tan importante. *¿Será realmente tan urgente?*

¡Buena pregunta!

Un amigo me contó acerca de una fiesta de cerveza que se celebró en el hogar de un alumno universitario llamado Sean, en su último año de estudios. Era una reunión pequeña de solo tres estudiantes. Los dos del último año, Jeremy y Sean, eran un poco más osados y decidieron fumar *bong* y beber seis latas de cerveza, mientras David, del primer año, solo los observaba. Como a la mitad de su aventura, Jeremy le pasó a Sean una píldora de codeína y dijo: «¡Aquí, prueba esto!» Su amigo parecía algo vacilante. Sean sabía que había cruzado la línea al beber y fumar, pero no había ido tan lejos que no pudiera volver. Jeremy insistió, diciendo: «Confía en mí, te va a encantar esto». Luego se volvió y golpeó la pared con el puño: «Pruébalo, viejo. ¡No sientes nada!» Sean, algo reticente, decidió echarse la píldora y rápidamente descubrió que es verdad que el analgésico mezclado con cerveza mata el dolor.

Cuando Jeremy fue al baño, Sean repentinamente dejó de sonreír. Todo su aspecto cambió. Con mucha lentitud caminó y se paró delante de un espejo de cuerpo entero. Miró con mucha atención desde el reflejo de sus pies hasta la cabeza levantada y ver sus propios ojos. Su desilusión era obvia. «¿Qué barbaridad es la que estás haciendo?», se preguntó. Deteniéndose por un momento, dejó de mirarse a los ojos, miró al piso, y levantó de nuevo la cabeza. «¡Vas a la iglesia! ¡Conoces a Dios! ¡Estudias la Biblia en la Escuela Dominical!» Luego suspiró, sacudió su cabeza con asco y dijo: «No puedo creer que estoy haciendo esto», aparentemente ignorando a David, que estaba sentado en un rincón y observando. En ese momento Jeremy volvió y la fiesta siguió.

Ese día, Sean tomó una decisión. Decidió rechazar la suave, pequeña voz de la razón recta. Decidió *no* abrazar el corazón de Dios. Decidió hacer las cosas a su manera. Permitió que la tentación lo arrastrara. Años de ir a la iglesia y de leer su Biblia fueron reemplazados por un estilo de vida de fiestas y promiscuidad. Pero no hubo daño ni falta. Después de todo, ¿cuál es la urgencia por el cambio, verdad?

Pasaron los años y un día Sean estaba en un bar en el centro de la ciudad. Esta vez no hubo voz de la razón desafiando su comportamiento de hijo pródigo. Uno de sus amigos lo divisó desde el otro lado de la pieza, lo abordó desde atrás y agarró su brazo. «Oye, acabo de comprar un auto deportivo cero kilómetros. ¿Quieres ver lo que puede hacer este bebé? Aquí», dijo, arrojándole las llaves. «¿Por qué no lo manejas?» Sean sonrió con complicidad, alzó una ceja, y dijo: «¡Claro!»

Saltó al asiento del conductor, y partieron por la autopista.

En pocos minutos estaban viajando a 193 kilómetros por hora. Desgraciadamente, las habilidades motrices de Sean no pudieron manejar la mal iluminada autopista o la curva con un límite de velocidad de 96 kilómetros por hora. El vehículo salió volando del camino y chocó contra un árbol. El pasajero no llegó hasta el hospital. Sean, que fue lanzado del vehículo casi no tenía rasguños. En vez de eso, vive con la cicatriz de la muerte de su amigo hasta el día de hoy.

Pero quizás tú no luchas con el abuso de sustancias. Quizás luchas con la promiscuidad sexual o algún tipo de comportamiento compulsivo o adictivo. Cualesquiera que sean tus problemas y tentaciones, necesitas mirarte bien en el espejo. ¿Existen cosas que deben cambiar? Si es así, no pierdas la oportunidad de confesarlo todo. Cada vez que rechazamos esa suave, pequeña voz de la dirección de Dios, se hace más tenue. Y con el tiempo podemos llegar a estar sordos ante ella. Ahora es el tiempo de deshacernos de las cosas que sabemos que no pertenecen a nuestros corazones y reemplazarlos con la bondad de Dios. Un cambio de corazón comienza con el deseo. ¡Debemos desearlo suficientemente!

¡Sí, es así de urgente, porque de esto dependen nuestras vidas!

2. Descubre los atributos del carácter de Dios

Cualquier esfuerzo humano por describir a Dios y sus atributos queda corto. Es por eso que nos referimos a la Biblia como una guía. Gálatas 5.22-23 dice: «El fruto del Espíritu es amor, alegría, paz, paciencia, amabilidad, bondad, fidelidad, humildad y dominio propio. No hay ley que condene estas cosas" (NVI). Esas palabras iluminan el carácter de Dios, su esencia misma. Echemos una mirada a algunos de estos rasgos independientemente.

El amor es una palabra usada en toda la Biblia para describir el carácter de Dios. Primera de Corintios 13.4–8 describe el amor: «El amor es paciente, es bondadoso. El amor no es envidioso ni jactancioso ni orgulloso. No se comporta con rudeza, no es egoísta, no se enoja fácilmente, no guarda rencor. El amor no se deleita en la maldad sino que se regocija con la verdad. Todo lo disculpa, todo lo cree, todo lo espera, todo lo soporta» (NVI).

El corazón del Padre está lleno de amor hacia las personas, la tierra y toda la creación. Demostró este amor enviando su único Hijo a morir por la salvación de la humanidad. Si vamos a vivir el amor de Dios, nosotros también llegaremos a ser desinteresados, perdonadores, llenos de esperanza, lentos para la ira y no fallaremos. Y desplegaremos estas características de amor a nuestros amigos, miembros de la familia y aun nuestros enemigos. De todos los atributos de Dios, el amor es el mayor. Es el ingrediente más importante en edificar un corazón como el de Dios. Su amor por nosotros no tiene límites. Nuestra habilidad para vencer las barreras que enfrentamos aumenta porque Él amorosamente nos ofrece lo que necesitamos para llegar a ser todo lo que Él nos ha destinado a ser.

*El **gozo** es otra característica de Dios.* No es triste, afligido, deprimido o ansioso. Según el diccionario, el gozo es una sensación de elevado placer de tipo espiritual. Desgraciadamente, muchas personas no tienen gozo en sus vidas. Se encuentran frustrados al no alcanzar sus metas y expectativas. Aun cuando admiten tener todo lo que necesitan, no pueden sentir gozo. Hay un elemento que falta o su vida nunca es lo suficientemente buena.

Pero el gozo de Dios eclipsa las desilusiones de nuestra vida diaria. Nos llena de contentamiento no sobre la base de las circunstancias sino en un hecho sólido: Somos hijos de Dios, y no importa lo que hagamos o no hagamos, el amor profundo de Dios nunca cambia. ¡Imagina vivir la vida lleno de gozo a pesar de los desafíos que enfrentas!

*La **paciencia** es una virtud que parece estar lentamente erosionándose en nuestra cultura.* Hace veinte años, el término «descontrol carretero» no era parte de nuestro vocabulario. Hoy lo oyes en las noticias de las seis y lo lees en los periódicos. Pero la falta de paciencia no es exclusiva del conducir. Existe en cada faceta de la vida. Más padres que nunca antes admiten hoy que desearían tener más paciencia con sus hijos. Yo sé. Soy uno de ellos. Al final de sus vidas, la mayoría de los padres desean haber pasado más tiempo con sus hijos y demostrado más paciencia al criarlos.

La paciencia de Dios, por otra parte, perdura para siempre. No se acaba porque derramamos un vaso de leche o robamos algo. La humanidad sigue avanzando porque a Dios no se le ha acabado la paciencia con nosotros. Dios ejerce Su paciencia hacia todos nosotros. Es lento para la ira. No importa cuántas veces fallamos, Su tolerancia perdura. Si hemos de abrazar un corazón como el de Dios, la paciencia debe ser una parte integral de nuestro carácter.

*La **bondad** es central al corazón y carácter de Dios.* La frase «Dios es bueno» se oye todos los días en todas partes del mundo. Y aquellos que manifiestan bondad exhiben cierto grado del carácter de Dios. Cuando un país ofrece ayuda a otro enviando alimentos o ayuda humanitaria o financiera, esto es una manifestación de bondad. Cuando un amigo ayuda a otro, o cuando un cónyuge hace un esfuerzo sacrificial por ayudar al otro, es una manifestación maravillosa de bondad.

*La **amabilidad** es la demostración de una actitud considerada y de cuidado.*

Hace varios años, mis hijas asistieron a un colegio donde se enseñaban los valores tradicionales familiares y religiosos. Esos valores formaban parte de la filosofía de la institución. La mayoría de los profesores provenían de una afiliación religiosa parecida a la nuestra. Sin embargo, muchos de los niños que asistían a la escuela no demostraban tales valores. Cuando los niños más pequeños tropezaban y caían, los mayores solían reírse y burlarse de ellos. Palabrotas y comportamiento ofensivo se podían ver en varios niveles y entre muchos alumnos. A veces, los comentarios racistas e intolerantes para aquellos que provenían de otros países eran un problema. En muchas salas de clase, había gran desorden y comportamiento anárquico. Los profesores encontraban difícil mantener el control y orden necesarios para un entorno de aprendizaje. Al poco tiempo llevamos a nuestras niñas a otro establecimiento, una escuela internacional sin afiliación religiosa o denominacional.

Los alumnos del segundo colegio se comportaban de manera mucho más amable entre ellos y demostraban una hermosa cultura de bondad unos a otros. Cuando más pequeños se caían en el patio, los mayores les ayudaban a pararse y comprobaban si se habían lastimado. Trabajaban juntos en grupos de estudio para cumplir asignaturas y dominar la materia. Demostraban un alto grado de cordialidad unos hacia otros, especialmente en comparación con el colegio anterior.

Demostrar amabilidad requiere esfuerzo. El hecho de asistir a una iglesia o pertenecer a una organización religiosa no basta para demostrar automáticamente este aspecto tan importante del corazón de Dios. La amabilidad es un rasgo santo que demostramos a otros sin que nos importe si son mayores, menores, más ricos, más pobres, o más o menos populares que nosotros. La buena noticia es que al acercarnos más a Dios, Su corazón nos capacita para mostrar simpatía y compasión a otros.

*La **fidelidad** es el rasgo de permanecer en los buenos y en los malos tiempos.* El índice de divorcios sigue creciendo en muchos países alrededor del mundo. Los viejos amigos se olvidan y se cambian de un día para otro por otros más populares o influyentes. Muchos empleados hablan a espaldas de sus empleadores y demuestran muy poca lealtad hacia sus compañías.

La Biblia describe a Dios abundando en amor y fidelidad. Éxodo 34.6 dice: «El Señor, Dios clemente y compasivo, lento para la ira y grande en amor y fidelidad" (NVI). Salmo 117.2 dice «¡Grande es su amor por nosotros! ¡La fidelidad del Señor es eterna! ¡Aleluya! ¡Alabado sea el Señor!" (NVI).

Un buen amigo que está en el directorio de una de las cadenas de radio más grandes en los Estados Unidos una vez me contó lo siguiente: «Jason, la mitad de la batalla en la vida es estar presente. Si haces un compromiso, cúmplelo. Sé fiel todos los días —aun en las cosas pequeñas— y Dios te bendecirá por ello».

*La **ternura** es la cualidad de ser manso y bueno de naturaleza.* Significa expresar la gracia y la honorabilidad. Es santo tratar a otros con dignidad de un modo tierno y calmado. Cuando pienso en cómo Dios ha tratado con mi familia a través de los años, una palabra me viene a la mente: *ternura*.

A pesar de mi testarudez y, a veces, actitud orgullosa, Su voz tranquila y suave me enseñó y guió por los momentos más oscuros y por las más grandes victorias. Cuando miro a mis hijos y aquellos que viven alrededor mío, se me recuerda la necesidad de tratarlos con una actitud suave de la misma forma que Dios me ha tratado a mí. Soy animado a verlos como Dios los ve: personas creadas a Su imagen. Mi oración es que yo pueda demostrar el corazón de Dios el Padre al ser tierno, sabio y amoroso.

*El **dominio propio** es una parte fundamental de un corazón santo.* El dominio propio es la habilidad de resistir la tentación y mantener la estabilidad durante tiempos turbulentos. En un día y edad cuando la vasta mayoría de la población come demasiado, gasta demasiado, y duerme demasiado poco, ahora más que nunca necesitamos abrazar el corazón del dominio propio. Dios nos ofrece el poder del dominio propio.

Cuando Cristo estuvo en el desierto siendo tentado por Satanás, no había comido en cuarenta días. Su cuerpo estaba débil. Estaba cansado y seguramente deshidratado. Más tarde, al final de Su ministerio, fue tentado a dejarlo todo. Allí en el Jardín de Getsemaní, podría haber desechado la responsabilidad de la Cruz. Pero no cedió ante Satanás y no rechazó la Cruz. Y Dios nos ofrece a nosotros, por medio del asombroso ejemplo de Jesús, un modelo maravilloso de dominio propio bajo fuego. Esto también es un rasgo que asumiremos al trabajar juntos con el Señor para edificar un corazón santo.

Recuerda, un corazón santo es el primer cimiento para romper barreras. Seguro, el mundo tiene formas de superar barreras, pero la única forma duradera y eficaz es la manera de Dios. Y tenemos esta maravillosa seguridad: cuando le pedimos a Dios que cree en nosotros un corazón como el Suyo, ¡Él es fiel en completar la obra!

3. Pide ayuda a Dios

Es imposible para nosotros asumir el corazón de Dios y vivir sus atributos si Él no nos ayuda a hacerlo. Dios está más que dispuesto para ayudarnos. Somos sus hijos. Nos ama y desea darnos todo lo necesario para romper barreras. Así que ¿qué queda? ¿Cuál es el prerrequisito para tener un corazón piadoso? Necesitamos pedirle ayuda.

Después de descubrir los atributos de Dios, le pedimos en oración que haga de esos atributos parte de lo que somos. Necesitamos pedir dos cosas al Señor: que cree en nosotros un corazón como el Suyo, y nos muestre por medio de ejemplos tangibles cómo podemos vivir esas características.

Mi mamá ha sufrido múltiples pruebas difíciles y ha superado muchas barreras. En 1991 perdió su segundo esposo después de una larga lucha con el cáncer. Al cabo de más de diez años de matrimonio, repentinamente se encontró viuda, empacando las cosas del hogar acumuladas a través del tiempo. Dentro de unas pocas semanas volvió a su solitario hogar en la pequeña comunidad montañosa de Big Bear Lake, California. Aunque su batalla con la depresión y la soledad creció con cada semana que pasaba, Dios nunca la abandonó. Él cuidó de ella.

Una mañana decidió que necesitaba ayuda para desarrollar un corazón como el del Señor y dejar atrás su vida alcohólica desordenada. Se miró en el espejo y dijo una simple oración: «Señor, ayúdame a enderezar mi vida». Aunque no hizo una lista de los atributos de Dios como lo hice yo, en esencia lo que pidió en oración fue un cambio de corazón.

Dentro del año muchos de los patrones destructivos que gobernaban su vida se empezaron a disipar. Su adicción al alcohol fue superada. Comenzó a leer su Biblia, orar y asistir regularmente a la iglesia. Las cualidades de Dios comenzaron a permear su vida. Al poco tiempo noté un cambio radical en su carácter. Una mujer que luchó con la falta de paciencia, heridas, ira, temor y depresión, comenzó a demostrar esperanza, fidelidad, amor, santidad y rectitud. Hoy está activamente involucrada en su iglesia, ayuda a los adultos mayores y es voluntaria en un comedor durante las vacaciones.

¿Cómo comenzó todo esto en ella? Comenzó con una simple oración. Le pidió al Señor que le ayudara a practicar rasgos santos, y el Señor le respondió. Soy un testigo de los cambios revolucionarios que han ocurrido en su vida.

Aquellos que la conocían de antes dicen que es una persona completamente diferente.

Nosotros también podemos clamar al Señor sabiendo que Él nos oye. Recuerda, Él es todopoderoso y quiere ayudarnos a romper las cadenas que nos atan. Cuando nos damos cuenta de la importancia de crear un corazón como el del Señor dentro de nosotros, podemos contar con que Él moverá montañas para ayudarnos a alcanzar este maravilloso objetivo. Esta es la razón por la que Juan 16.24 dice: «Hasta ahora no han pedido nada en mi nombre. Pidan y recibirán, para que su alegría sea completa» (NVI). También, Mateo 7.7 dice: «Pidan, y se les dará: busquen, y encontrarán; llamen y se les abrirá» (NVI). Dios está ansioso de responder a tal petición y darnos un corazón piadoso. Su deseo es que seamos personas llenas de bondad, santidad, rectitud y virtud.

Al pedirle al Señor un corazón santo, es importante que también pidamos ejemplos tangibles que nos sirvan de modelo. Como resultado de nuestras oraciones, el Señor responderá proveyendo ejemplos claros de Sus atributos y creando oportunidades para ponerlos en práctica.

Considera la siguiente oración como guía para pedir al Señor que te ayude a construir un corazón como el de Él:

Señor, te pido que crees en mí un corazón limpio, lleno de amor, gozo y paciencia. Tú estás lleno de virtud y yo deseo reflejar tu maravilloso carácter en este mundo. Ayúdame a mostrar tu bondad, amabilidad y fidelidad. En esos momentos cuando soy desafiado a mantener tus principios, ayúdame a ser tierno y lleno de dominio propio. Más que nada, ayúdame a entregar tu amor a un mundo que necesita desesperadamente una conexión contigo. Te pido que pongas señales claras en mi vida para que yo vea tus santos atributos en acción. Ayúdame a asimilar Tu corazón y todas sus cualidades en mi vida. Todo te lo pido en el nombre de Cristo. Amén.

4. Pon en práctica las cualidades santas

Los atributos santos no llegarán a ser nuestros por osmosis. Debemos trabajar para desarrollarlos. Debemos ser diligentes. No podemos quedarnos a la espera de que ocurran. En lugar de eso, debemos actuar sobre la base de lo que sabemos es recto y santo, aun cuando no nos sintamos preparados.

Hace varios años, leí acerca de una organización que realiza cada dos años una reunión nacional cumbre de publicidad en la ciudad de Nueva York. Más de setenta productores de las mayores cadenas televisivas además de estaciones y redes de cable de todo el país son invitados. También traen representantes de muchas de la estaciones de radio y periódicos más importantes para conocer a autores y empresarios que buscan introducir sus libros, productos, o servicios a los medios. Solo cien autores y empresarios son admitidos al evento. Este le asigna a cada uno un tiempo amplio para hacer una presentación digna a treinta o cuarenta productores de su elección.

Cuando vi el sitio web que mencionaba tan enorme convocatoria, pensé: *Esto podría ser la oportunidad que necesito para alcanzar mayor publicidad para mi libro.* Aunque tenía deseos de ser un autor publicado y comprendía que la publicidad era vital para el éxito de una obra, como muchos otros, luché con sentimientos de duda.

Recuerdo la batalla que se desató en mi mente tratando de decidir si debería o no asistir:

¿Estoy realmente preparado para esto?

¿Es el momento oportuno?

¿Alguien apoyará mi libro?

Estas son las ligas mayores. ¿Realmente pertenezco aquí? Creo que sí, pero no estoy seguro.

Una y otra vez en mi mente, el deseo por la excelencia chocaba contra el espíritu de autoduda. Finalmente, una noche mientras trotaba, el Señor puso una idea muy fuerte en mi corazón.

¿Piensas rejuvenecer? «No», repliqué. *Entonces, ¿qué estás esperando? ¿Esperas hasta que cumplas los cuarenta y cinco? ¿Estarás mejor preparado a los cincuenta o sesenta? En serio ¿qué estás esperando?*

No tenía respuesta. No tenía excusa.

Me dí cuenta que aferrarse al corazón de Dios es hacer lo que sabes que debes hacer, aun cuando te sientes incapaz o intimidado. Desarrollar el corazón de Dios requiere acción.

Desgraciadamente, muchas personas sienten que deben esperar hasta que todo esté en orden antes de intentar algo que Dios quiere que hagan, incluso crear un corazón piadoso.

Así que puse de lado mi incertidumbre y me matriculé. Debido a la experiencia y capacitación que recibí en la cumbre, comenzaron a abrirse puertas en los medios, y el libro llegó a manos de una de las editoriales más prestigiosas del mundo. El libro que tienes en tus manos es el producto de seguir la instigación del Señor y entrando por una puerta abierta.

A veces necesitamos ser animados, empujados o simplemente golpeados en la cabeza. A veces hay que dejar de pensar acerca de lo que debemos hacer y comenzar a hacerlo. Sí, llegar a ser más como Jesús requiere trabajo duro, pero nunca llegaremos por sola contemplación. No dejes que la vida te consuma. No permitas que te pase de largo. Apunta por un corazón consagrado poniendo en acción las cualidades que conoces que vienen del corazón del Señor.

Así que si tienes el anhelo por el corazón de Dios, el conocimiento acerca de lo que es, y la ayuda de Dios para perseguirlo, ¿qué esperas? Le has pedido ayuda y Él responderá. No te quedes sentado sintiéndote indigno o preguntándote si Dios te rechazará. Estás destinado para la grandeza. Dios abrió una puerta para ti y tiene un gran propósito para tu vida. No eres en ningún caso un accidente. El Señor planeó por este momento desde el principio de los tiempos. Aprovecha la oportunidad. Ve tras ella y no te arrepentirás.

Porque esto es tan importante quiero resumir el proceso antes de seguir. Asimilamos el carácter de Dios en nuestros propios corazones al poner en acción estos rasgos en nuestras vidas. Buscamos con ahínco oportunidades para amar, ser amables y expresar paciencia a otros. A medida que amamos a los demás, llegamos a ser personas amorosas. Cuando somos amables con otros, nos convertimos en personas amables. Cuando expresamos paciencia hacia otros, nos convertimos en personas pacientes. Cuando dirige la cabeza, el corazón la sigue. Por tanto, decide amar. Decide ser amable. Decide ser paciente. Decide ser santo, virtuoso, perdonador y lleno de gozo. Actúa basado en tus decisiones. Notarás que estos rasgos irán formando parte de tu ser. La transformación no ocurre de la noche a la mañana, pero en la medida que estos hábitos entran en acción, se produce la transformación en nuestros corazones. Y a poco andar, llegamos a ser lo que anhelamos ser.

A propósito no he incluido una sección en este libro sobre cómo evitar la maldad (lo que Dios no es). Los cristianos tienen la tendencia de definir la santidad como evitar la maldad: «¡No hagan esto! ¡No hagan aquello!» Este es un enfoque poco sano para tratar de ser santo. En lugar de eso, debiéramos procurar los atributos de Dios con tanta energía que no tengamos tiempo ni interés en lo opuesto. Una de las mejores maneras de asegurarnos de perseguir atributos santos en vez de aquellos carnales, es rodearnos de personas consagradas. Esto nos lleva al quinto paso.

5. Forma un pequeño grupo de responsabilidad mutua

Es aconsejable formar un grupo de responsabilidad mutua con personas que comprenden la santidad y que deseen llegar a ser personas santas. Si eliges amigos a quienes la santidad les preocupa poco, probablemente no te sirvan de mucho en un grupo de responsabilidad mutua. Rodéate de personas que te levantarán al próximo nivel en vez de hacerte descender. Escoge a tres o cuatro amigos cercanos que tengan estándares santos y a quienes les importe tu bienestar espiritual. Explícales lo que quieres lograr. Haz una lista de los atributos que deseas y cómo puedes dar pasos prácticos para lograrlos. Pide a tus amigos que observen tu progreso al perseguir estas cualidades en tu diario vivir. Cuando dudes, diles tus dilemas y desafíos y pídeles que te ayuden. Sean consejeros unos de otros en sus búsquedas de la santidad.

Cuando los pilotos comerciales vuelan de una ciudad a otra, tienen un panel lleno de instrumentos para mantenerse al tanto de la altitud del avión, longitud, velocidad de vuelo, velocidad del viento, velocidad máxima o igualada de cabeceo, viento de cola, viento de cabeza y temperatura exterior. Algunos aviones están equipados con comunicaciones satelitales que informan a la tripulación de su posición exacta en relación a la tierra y la topografía. Tales sistemas proveen a la tripulación estimación al minuto de su llegada a destino. Es más, las torres de control a lo largo de toda la ruta los guían y ayudan a ajustar el curso cientos de millas antes de que pudieran ocurrir colisiones en el aire.

Con todas las herramientas que los pilotos tienen a su disposición, además de lo sofisticado de una aeronave moderna, no nos sorprende que hoy la forma más segura de viajar sea volar. Estos equipos actúan como una responsabilidad virtual que ayuda a los pilotos a cumplir su tarea, trasladar personas de un lugar a otro con seguridad, comodidad y a tiempo.

Así como los pilotos usan instrumentos y al personal de la torre de control para ayudarles a volar, también podemos buscar ayuda fuera de nosotros para monitorear con precisión nuestro progreso en crear un corazón santo. Los amigos consagrados nos ayudan en nuestro crecimiento, nos guían en nuestra dirección, y nos proveen con una valiosa perspectiva en tiempos de dificultad y confusión.

De la retroalimentación de tus amigos verás que llegar a ser una persona consagrada es más alcanzable de lo que pensaste antes. Después de todo, eso es lo que Dios desea para ti. Nadie quiere más que Dios que tú crezcas y te desarrolles. Él es tu mayor *fan* y tu más grande admirador. Te ama y tiene grandes planes para tu vida.

Según Deuteronomio 28.1-14, Dios quiere bendecirte con gran abundancia; quiere cambiar tu presente. Quiere derramar arrolladora provisión en cada área de tu vida y colocar la balanza a tu favor. Quiere abrir grandes puertas de oportunidad y prodigarte todo lo bueno. Quiere bendecir a tus hijos, a tus nietos y a tus bisnietos. Quiere darte muchos años de una vida bendecida. Estoy convencido de que no importa qué obstáculos o barreras estés enfrentando, ¡con Dios los quebrantarás!

ENCONTRANDO UN TESORO EN UNA CARPA

Todas las cualidades maravillosas mencionadas antes en este capítulo provienen de Dios. Son sus atributos. Si deseamos ser como Él y abrazar Su corazón, estas cualidades deben formar parte de nosotros.

En marzo de 2003 enfrentaba una de las crisis financieras más grandes de mi ministerio. Tenía varios compromisos económicos con iglesias en los Estados Unidos que por muchas razones no pudieron cumplir con sus promesas de patrocinio de la cruzada. Como resultado, viví las últimas semanas antes de una cruzada al borde de la bancarrota.

Comencé a escribir fax y enviar cartas y e-mails pidiendo apoyo adicional. La respuesta fue mínima. Los pastores estaban de vacaciones o fuera de la oficina. Los donadores individuales estaban ocupados en reuniones de negocios. Hiciera lo que hiciera, nadie parecía estar en posición para ayudar. Llegué a una conclusión agonizante: mi ministerio enfrentaba una deuda de más de cincuenta mil dólares. Tendría que cancelar la cruzada y cerrar nuestras oficinas.

Recuerdo vívidamente esa mañana. Mi esposa y yo salimos a tomar un café. Detenido en una luz roja y meditando en la ruina financiera que venía, me quebranté y lloré. Lloré como un niño. Normalmente no reacciono así pero estábamos solos y era un lugar seguro para desahogarme. Le dije: «No puedo creer que todo ha terminado. No puedo creer que después de once años de edificar y planificar hemos llegado a este final desastroso».

Al sentarnos en el pequeño café ubicado en el corazón de San José, discutimos los números y llegamos a una conclusión. Ella me dijo: «Antes del 31 de marzo necesitamos cinco mil dólares para pagar las cuentas». Yo dije: «Bien. Le pediremos al Señor su ayuda. Si no recibimos cinco mil dólares, entonces despediré a nuestro personal, cerraré las oficinas y cancelaré la cruzada que se acerca». Esta fue una de las decisiones más dolorosas que jamás he tomado.

Pasaron varios días. El 28 de marzo recibí una llamada de un misionero que acababa de aterrizar en Miami después de su visita a Chile. Mike Shields es un buen amigo que ama profundamente al Señor. Su acostumbrada voz emocionada y altamente entusiasta llenó la línea mientras decía: «¡Jason! ¡Este es Mike! ¡¿Cómo te va, viejo?! Tuve un viaje increíble. ¡Fue fantástico! ¡O, gracias, Jesús! Acabo de regalar cuarenta mil dólares para comprar propiedad para nuevas iglesias. ¡Qué grande es Dios! Oye, apenas salí del avión, el Señor me dijo que tenía que enviarte cinco mil dólares. ¿Cómo quieres que te los mande?"

Mi respuesta fue una mezcla de tartamudeo y una sensación sobrecogedora de *debo estar soñando*. Dije: «¡Puedes enviarlo por correo Expreso Federal!»

Permíteme aclararte bien algo. Los misioneros viven con presupuestos muy ajustados; no suelen regalar dinero porque sí nomás. Así que cuando un misionero siente que el Señor lo impulsa a ayudar financieramente a otro y de hecho lo hace entregando el dinero, Dios obviamente orquestó sus acciones.

Mike Shields nos envió una ofrenda milagrosa que cumplió nuestro plazo de entrega y nos ayudó a acercarnos un paso más a nuestro objetivo. Y él hizo esto demostrando varias de las cualidades de Dios. Reaccionó a una necesidad con amor, paciencia, gozo y amabilidad. Nunca dijo: «¿Cómo pudieron permitir que esto sucediera?» Mike nos demostró el corazón de Dios a nosotros y a todos los que asistieron a la cruzada.

Mi esposa, Cindee, y yo estuvimos agradecidos al Señor por su provisión, pero la experiencia nos dejó con un gusto diferente en nuestras bocas. Parecía como que nos habíamos acercado demasiado a las llamas de la prueba y nos sentíamos algo chamuscados.

Comenzamos la cruzada un martes por la noche con dos carpas armadas. Nuestra carpa más pequeña mide aproximadamente 1.394 metros cuadrados. La más grande mide 3.252 metros cuadrados y tiene lugar para unas 5.000 personas. Se sentía el entusiasmo en el aire, especialmente entre los miembros de nuestro equipo. Habían sido testigos de un milagro financiero y estaban entusiasmados por alcanzar a una comunidad que necesitaba oír desesperadamente un mensaje de esperanza.

Por otra parte, yo estaba algo desconectado. Aún sentía el dolor de la batalla espiritual de hacía dos semanas y me costaba enfocarme. Quizás estaba siendo infantil o simplemente no asimilaba el hecho de que había llegado tan cerca del desastre. Aunque se me hacía cuesta arriba, estuve consciente de que el Señor tenía Su visión y objetivos.

Recuerdo un hombre que vino al evento y se sentó en la fila de sillas número treinta. Se veía terrible, como si hubiera sido atropellado por un camión. Al final del mensaje hice una invitación para aquellos que quisieran comenzar una relación con Cristo. Él, junto a varios cientos más, pasó adelante, pidiendo el perdón de Dios y un corazón devoto. Lo siguiente que supe fue que cayó y estaba haciendo sonidos raros al pie del escenario. Los acomodadores lo levantaron y le escoltaron a la carpa menor de al lado.

Después de varios minutos se recobró, y los consejeros comenzaron a conocer más acerca de su vida. La próxima noche regresó y se sentó en la fila treinta, y pasó adelante durante la invitación al final del mensaje. Otra vez se desmayó y los acomodadores lo llevaron a la otra carpa. Esto pasó varias noches hasta la última. Al comienzo de la reunión del sábado por la noche, se sentó atrás y escuchó la música y el mensaje. Cuando hice la última invitación de la cruzada, respondió pasando adelante. Esta vez fue distinto. Esta vez se mantuvo sobrio. Esta vez sería diferentes de las otras.

Al final del servicio, justo antes de que despidiéramos a la multitud, me hizo señas. Caminé al borde del escenario y mi coordinador de cruzada dijo: «Este caballero quiere testificar acerca del cambio en su vida». Pensé: *Bueno, es la última noche. ¿Qué malo puede haber en pasarle el micrófono un par de minutos?*

Caminó muy bien vestido hasta el escenario y asintió con la cabeza cuando le pasé uno de los micrófonos que usan los cantantes. Se volvió a la audiencia de más de seis mil personas reunidas allí, y comenzó a contar su historia:

Hace como dieciocho meses, mi esposa me dejó por otro hombre. Se llevó a los niños y me dejó sin nada. Dentro del mismo período perdí mi empleo como uno de los mejores vendedores de seguros en el país. Caí en una profunda depresión sin posibilidades de superarla en el corto plazo. Busqué formas de suicidarme y traté de combinar el licor con pastillas para dormir pero nada funcionó.

Entonces recordé la carretera que llevaba al pueblo de Limón. Hay un puente a como cinco kilómetros del centro de San José. El puente está ubicado al lado del estadio de Saprissa. La caída es de casi 153 metros. Todos aquellos que se han lanzado del puente han muerto. Parecía la única salida segura. La semana pasada decidí tirarme del puente y suicidarme.

Me levanté en la mañana del martes pasado con la intención de manejar al puente y saltar el martes por la noche. Mientras conducía por el camino para salir de

Guadalupe, miré al lado izquierdo del camino y vi dos carpas blancas grandes con un letrero que decía: «Hay esperanza en Jesús». Esas palabras tocaron mi corazón. Salí del camino y las consideré por unos breves momentos. Pensé: *Bueno, si no existe esperanza para mí aquí, entonces puedo igual seguir mi cita con el destino.*

Apagué mi auto, entré, y me senté atrás. Después del mensaje, Jason dio una invitación a comenzar una relación con Cristo, así que pasé adelante. Lo siguiente que recuerdo es que desperté en otra carpa. Pensé que esto era muy extraño, pero cada noche despertaba rodeado de consejeros que me ayudaron a descubrir la fuente de mi dolor y herida.

Me hicieron preguntas que me llevaron a identificar con exactitud las cosas que me mantenían detrás de las barreras de autodestrucción. Me apoyaron para superar esas voces diabólicas de suicidio que me habían hostigado por los últimos dieciocho meses. Me ayudaron a identificar a quienes me habían herido en el pasado y a aquellos que necesitaba perdonar. Me ayudaron a ubicar la fuente de mi dolor. Puedo decir que por primera vez en año y medio esas voces cesaron. Jesús me liberó y rompió las barreras en mi vida.

No sé a quién debo agradecer por armar estas dos grandes carpas blancas, pero aquí encontré un gran tesoro. Quien sea, gracias. Y que Dios les bendiga a todos.

Se volvió y me dio un abrazo de corazón. La multitud vitoreó. Luego me pasó el micrófono y bajó del escenario. Quedé sin habla. Mi mente volvió a la semana antes del treinta y uno de marzo. Volví sobre mis pasos. Así como el famoso poema «Huellas en la arena», yo podía ver solo una serie de huellas, las del Señor. Él nos cargó a través del fuego. Él proveyó porque tenía una cita con miles de personas y un individuo muy especial.

Nueve meses después le pedí al hombre que volviera a nuestra oficina e hiciera una grabación en video de su testimonio, a lo que accedió amablemente. Nos dijo que no había sufrido pensamientos de suicidio o depresión por todo el año después de la cruzada. Desde entonces ha comenzado un nuevo trabajo, y con la ayuda de Dios ha sido altamente exitoso en re-armar su vida. Ha mostrado muchos de los atributos de Dios, tales como dominio propio, bondad, fidelidad, ternura, amabilidad y, lo más importante, paz.

Al enfrentar las voces diabólicas del suicidio y culpa, logró tomarse de la mano de Dios y cambiar los hábitos de su vida. Ya no es esclavo de la ansiedad, pensamientos suicidas ni odio a sí mismo. Él, como Mike Shields, es un ejemplo maravilloso de alguien que se ha aferrado al corazón de Dios el Padre, y ha roto las barreras que lo separaban de llegar a ser todo lo que Dios tiene previsto que sea. El hombre clamó en el momento más desesperado, y Dios le respondió.

Dios tiene todo poder y su amor por nosotros es inmensurable. Nuestra habilidad para romper barreras aparece cuando llegamos a ser Sus hijos y echamos mano de los dones que nos regala con tanta alegría. No importa que la barrera que tú enfrentas sea modesta, o si sientes que vas camino para arrojarte de un puente, tú también puedes experimentar el amor de Dios. Puedes experimentar su poder. Dios está más que dispuesto a darte los dones necesarios para que rompas las barreras que te impiden extender tu mano hacia Él como tu Padre celestial.

En este capítulo miramos a fondo al primer pilar. Miramos al espejo y examinamos nuestros corazones a la luz de la bondad de Dios. Hicimos un inventario y descubrimos que cada ser humano nació con un defecto. Este defecto hace que vivamos para nosotros mismos y codiciemos cosas poco sanas. Sin Dios, nuestro desarrollo moral sería torcido y fallado. Ahora, más que nunca, necesitamos crear un corazón santo, uno que nos guíe a ser quien Dios nos destinó ser. ¿Por qué es esto tan importante? Porque todo lo que hacemos y decimos es el resultado directo de lo que está en nuestro corazón. Jesús dijo en Mateo 15.18, «Pero lo que sale de la boca viene del corazón y contamina la persona» (NVI). El primer paso para romper las barreras es desarrollar un corazón devoto.

Recuerda los cinco pasos para adquirir el corazón de Dios:

1. Anhela crear un corazón piadoso.
2. Descubre los atributos del carácter de Dios.

3. Pide ayuda a Dios.

4. Pon en práctica las cualidades santas de Dios.

5. Forma un pequeño grupo de responsabilidad mutua.

En el capítulo siguiente, continuaremos nuestra discusión del primer pilar. Es aquí donde descubrirás la misión de Dios para tu vida. Esto promete ser una de las herramientas más poderosas para nuestro viaje.

Al cerrar juntos este capítulo, permíteme compartir contigo una oración que te puede ayudar a trabajar para crear un corazón santo. Además del deseo, el elemento más importante es la ayuda de Dios. Sin Dios, es imposible fijar un curso para romper barreras. Al comenzar tu día, di estas palabras y medita en ellas durante la jornada. Una porción está basada en el Salmo 51.9-12 (NVI).

Amado Señor, reconozco que necesito tu ayuda. He cometido muchos errores y he fallado muchas veces en mi vida. Reconozco que necesito un corazón santo, como el tuyo. «Aparta tu rostro de mis pecados y borra toda mi maldad. Crea en mí, Oh Dios, un corazón limpio, y renueva la firmeza de mi espíritu. No me alejes de tu presencia ni me quites tu santo Espíritu. Devuélveme la alegría de tu salvación: que un espíritu obediente me sostenga». Te entrego mi corazón y te pido que lo moldees, lo cambies y lo hagas de nuevo. Te acepto como Señor y Salvador y te pido que te sientas en el trono de mi vida. Que Tu amor, alegría, paciencia, amabilidad, bondad, fidelidad, ternura y dominio propio dominen mi vida por el resto de mis días. Te entrego mi vida a Ti. Haz con ella lo que quieras. Todo te lo pido en el nombre de Cristo. Amén.

CAPÍTULO 3

Desencadenando el poder del corazón de Dios en tu vida

Para los niños, el cumpleaños siempre es lo más impor-tante del año. En octubre de 2002, mi esposa e hijas, el misionero asociado Ashley Rutledge y yo planeábamos cele-brar el cumpleaños de mi hijo mayor jugando *corre que te pillo* con láser, en el mall. Las niñas se levantaron tan entu-siasmadas como de costumbre para ver quién podía conseguir el puntaje más alto. Pero todos sabíamos cuál era su objetivo: destronar a papá como el ganador de siempre.

En Centroamérica, octubre es el mes más lluvioso de la estación. Sin embargo, este sábado por la mañana nos sor-prendió con una bienvenida de sol y cielos azules. Nos dirigi-mos al mall San Pedro, que queda frente a la Universidad de

Costa Rica. Es el principal mall de la ciudad y el centro comercial mejor ubicado de San José. Es, además, un espacio cultural, social y mercantil.

Al llegar encontramos un lugar ideal para estacionarnos e inmediatamente nos dirigimos al patio de comida para almorzar. El mall estaba muy concurrido al mediodía y las personas caminaban muy lento delante de nosotros. Al buscar una oportunidad para avanzar en el lento desplazamiento de la multitud, camino al surtidor de agua, noté un joven que caminaba cerca, esquivando a la gente.

Aunque no lo veía con claridad, me di cuenta que usaba una camisa negra. Paseándose por el mall sin propósito alguno, parecía estar escuchando un CD. La parte de atrás de la camisa negra no se podía apreciar. Logré captar la primera palabra, que estaba escrita con letras blancas. Decía «Jesús». La reconocí como una prenda inglesa porque no llevaba tilde sobre la «u». Como evangelista de cruzada, me intrigó ver una camisa en inglés haciendo una proclamación pública en una cultura hispánica y traté de obtener una mejor vista estirando mi cuello para ver sobre las cabezas de aquellos que caminaban delante de nosotros.

De repente logré ver la segunda palabra, justo debajo de la primera. Decía «es». *Hum, Jesús es... ¿Qué dirá el resto de la frase?*, pensé. A la distancia pude ver que había cuatro palabras en total, pero no podía descifrar las últimas dos. A esta altura, como puedes imaginar, la curiosidad me comía vivo. Sin embargo, nos separaban unas veinte personas. Poco a poco avanzaron en diferentes direcciones y después de unos diez segundos leí la tercera palabra. Decía «un».

La frase «*Jesús es un...*» puede tener una amplia variedad de terminaciones. Las posibilidades son interminables. Como una persona que tiene un ministerio cristiano, yo estaba emocionado de ver a alguien que hacía una declaración pública acerca de la respuesta que la sociedad necesita oír. Imposibilitado de avanzar, ejercité la paciencia y esperé unos pocos segundos más. Finalmente se abrieron las aguas. La gente frente a mí se movió hacia ambos lados y allí estaba él, sin interferencia visual. Nada nos separaba, por lo que pude ver su camisa entera. Esa última palabra, sin embargo, no fue lo que esperaba. Mejor dicho, era la antítesis de mis expectativas.

Era una de las peores vulgaridades que puedes imaginar. Asociada a la anatomía femenina, la palabra apenas se usa en una película solo para adultos por su arrolladora implicancia gráfica. Al principio, pensé que había leído mal y busqué una invisible arruga que cubriera un par de letras. Pero no tuve suerte. Mis ojos no me fallaban.

Me volví a mi esposa totalmente choqueado y le dije: «Amor, ¿tus ojos ven lo que yo veo en la espalda de la camisa de ese tipo?» Su respuesta lo dijo todo, aunque no pronunció palabra. Haciendo un sonido de ahogo, inspiró como tres galones de aire y levantó las cejas hasta la parte superior de su frente como si alguien le hubiera lanzado agua helada por toda la espalda. Su respuesta era sí. Mis ojos me decían la verdad.

La reacción de Ashley fue igual a la de mi esposa. Los tres seguimos por unos segundos sin decir palabra. Las niñas, gracias al Señor, no vieron nada. Probablemente no lo habrían entendido tampoco, lo que también fue una bendición.

Dentro de cada uno de nosotros vive un fariseo, una parte nuestra que es muy legalista. Puede ser pequeño, mediano o grande, pero existe. En circunstancias como éstas, saca su horrible cabecita y se hace sentir. Por esta razón, las primeras palabras que salieron de nuestras bocas fueron: «¿Dónde está el servicio de vigilancia? A este tipo hay que sacarlo de aquí».

Comprendo que existen garantías muy aceptadas cuando se trata de la libertad de expresión. Pero este tipo de cosas se distanciaba mucho del derecho de cada uno a expresar sus ideas. En un mall lleno de familias y niños, tal vulgaridad y blasfemia estaban totalmente fuera de lugar, a pesar del derecho a la libre expresión.

El joven llegó al patio de comida y siguió a paso lento. En ese momento me di cuenta de que no estaba allí para comprar sino para mostrarse. Se constituyó en el peor aviso andante que jamás hubiera visto. Su único propósito era exhibir su camisa, a medida que se paseaba por el mall. Al volver de la esquina, caminó en dirección opuesta a la nuestra.

Me volví a mi esposa y le dije: «Bueno, no veo un guardia de seguridad por ningún lado. Amor, debes orar por mí». «¿Por qué?» preguntó ella. «¡Porque voy tras él!»

Y eso es exactamente lo que hice. Me tomó alrededor de quince segundos alcanzarlo, en parte porque paseaba a paso de tortuga. Le toqué el hombro e inmediatamente giró hacia mí. Tenía una expresión en la cara que sugería que había estado esperando que alguien respondiera a su declaración blasfema. «Finalmente un cliente», pareció decir con la mirada. Cuando vi la parte delantera de su camisa, descubrí que era peor que la de atrás. Tenía una foto de cuerpo entero de una monja desnuda. Era obviamente una modelo joven. Sobre su cabeza estaban las palabras «Parábola de la porquería», en letra gótica color sangre.

Luego sentí la voz del Señor diciéndome: *Hazlo en amor, Jason. Hazlo en amor.* El joven me miraba fijamente, esperando saber la razón por la que interrumpí su paseo del sábado por la tarde. De repente, en ese incómodo instante de silencio, comencé a sonreír. En pocos segundos mi sonrisa se convirtió en risa. Pensé, *Aquí estoy, Señor, frente a alguien con una espantosa camisa y sin saber qué decir.*

A veces necesitamos una misión fundada en el carácter santo y guiada por principios santos. Necesitamos una misión dirigida por amor y convicciones piadosas. Me pareció en ese momento que tenía convicción pero ninguna misión. Así que hice lo único que se me ocurrió. Le pedí al Señor que me diera las palabras. Le rogué por la correcta misión. Recordé Lucas 12.11–12: «Cuando los hagan comparecer ante las sinagogas, los gobernantes o las autoridades, no se preocupen de cómo van a defenderse o qué van a decir, porque en ese momento el Espíritu Santo les enseñará lo que deben responder» (NVI).

Me agarré de esa Escritura y oré: *Señor, ayúdame. No sé qué decir.* Me encontraba con fuertes convicciones para decir o hacer algo, pero estaban ausentes las palabras. Luego, algo salió disparado de mi boca y mientras seguía riéndome le dije: «Sabes, he hablado con gente rica, gente pobre, gente feliz, gente triste, gente chica, gente alta, gente que estaba poseída por demonios y gente en su sano juicio. He hablado con gente casada, gente divorciada, gente en Norteamérica, Sudamérica, gente joven y gente vieja. Pero en ninguno de mi viajes nunca he visto una camisa como ésta».

Respondió enérgicamente: «¡¿Estás diciendo que estoy poseído por demonios?!»

No respondí verbalmente, pero para mis adentros pensé, *Mm, podría ser.*

La primera pregunta que le hice fue si hablaba inglés. Era posible que estuviera usando una camisa con una leyenda que no comprendía. La mayoría de los artículos de ropa que vienen a Latinoamérica desde los Estados Unidos, por ejemplo, pueden usarse sin cuestionamientos. Si la gente recibe una camisa nueva y no entiende lo que dice, por lo general la usará sin hacerse problemas. A menudo veo a pastores en retiros, en América Central, usando camisetas con propaganda de «Budweiser», aunque supongo que quizás ni saben qué es eso. En una ocasión vi a un pastor con un overol de los que usan los repartidores de la cerveza «Bud Light». Probablemente llegó hasta allí a través del Ejército de Salvación. De cualquier manera, ese pastor se sentía feliz cubierto de pies a cabeza por sus nuevos amigos de Anheuser-Busch.

Cuando le pregunté a este joven si hablaba inglés, dijo que no. Suspirando de alivio, le pregunté si comprendía lo que decía su camisa. Respondió: «Oh, sí, pedí que me lo tradujeran».

En vez de comenzar un debate si estaba o no fuera de las fronteras de la libertad de expresión, le pregunté: «Dime, ¿qué tipos de heridas o dolor has soportado para que te lleven a clamar con tanta ira hacia Dios?»

Respondió: «Yo no odio a Dios. Tengo una relación con Él».

Le dije: «Bueno, los demonios tienen una relación con Dios, pero no como la que a ti o a mí nos gustaría tener».

Pronto un pequeño grupo se había reunido en torno nuestro y comencé a compartir con el tipo. «Imaginemos que después de un desayuno de frijoles negros y arroz, la cáscara de uno de los frijoles se pega entre tus dos dientes delanteros superiores. Cada vez que abres la boca, lo único que los demás pueden ver es el gran frijol viscoso cubriendo tu sonrisa. Camino al trabajo, la gente en el bus no dice nada. En tu trabajo lo ven pero tampoco dicen nada. Tus conocidos en el comedor no dicen nada. Cada vez que abres la boca lo único que ven todos es un gran frijol negro. ¿Te sentirías bien pasar el día sin que alguien te ayudara? ¿O desearías que alguien te contara de la mancha fea y hedionda que arruinaba tu sonrisa?» El grupo seguía creciendo y ya eran unas diez personas en torno nuestro.

El Señor no pudo haberme dado una mejor alegoría, aunque no reparé en eso en el momento. Los costarricenses son religiosos y muy prácticos en lo que se refiere a la higiene bucal. Muchos llevan sus cepillos dentales al colegio y al trabajo para usarlos después de cada comida. No recordé cuán sensibles eran respecto al tema, pero el Señor no se había olvidado. Usó una referencia cultural para hablarle a un joven confundido y dolido. Cuando le pregunté si querría ayuda en esa situación embarazosa, miró hacia abajo y afirmó: «Sí, querría que alguien me lo explicara». «Bueno —dije— la camisa que estás usando es mil veces peor que un poroto negro entre tus dientes. Estás usando un letrero ambulatorio que proclama un mensaje que no tienes intención de decir. Asumo que no odias a Dios, pero esta camisa nos comunica a todos que estás profundamente inquieto, preocupado y dolido y que sientes mucho odio hacia Él.

«Me atrevo a decir que cuando te acuestas en la noche y cuando se acalla todo el ruido en tu casa, comienzas a experimentar inquietantes voces diabólicas en tu cabeza que te roban la paz. Miras al cielo raso, deseando que la noche dure por siempre para que no tengas que enfrentarte al otro día. No importa lo que hagas, no puedes silenciar esas voces. Así que las tratas de ahogar con drogas, música, alcohol, pero nada resulta. Me atrevo a decir que has buscado significado, gozo, paz y amor. Desgraciadamente, lo único que has encontrado es mayor soledad y sombras más largas. Pienso que es algo irónico que estés burlándote de Alguien que es tu única solución.

«El Alguien a quien me refiero puede liberarte y sacarte de tu encarcelamiento. Él puede romper las cadenas de la oscuridad que te tienen envuelto en la desesperación. Su nombre es Jesús, murió por ti en la cruz del Calvario. Él es el Rey de reyes y el Señor de señores. Es la clave para abrir la puerta de tu vida y Él desearía ayudarte».

Surgieron lágrimas en sus ojos mientras miraba fijamente al piso. Varias personas permanecían paradas escuchando la conversación. Entonces le extendí mi mano, preguntando si podría tener el privilegio de orar por él. Dijo, «Sabes, me gustaría ver un cambio en mi vida, pero tiene que ser un cambio desde mi corazón. Algo dentro de mí tiene que desearlo más que nada, pero no estoy listo».

«Está bien», le dije. «Un día lo estarás y yo seguiré orando por ti hasta que eso ocurra».

Después le entregué una hoja con nuestra dirección web, e-mail e información de correo. Le dije que me contactara cuando quisiera, si necesitaba ayuda. Me estrechó la mano en gratitud, se volvió y siguió caminando. El pequeño grupo en torno nuestro se deshizo también y yo reanudé la marcha con mi esposa y las niñas para la celebración del cumpleaños.

Tenía una misión. En ese momento no estaba seguro de cómo cumplirla. Pero sabía que necesitaba hacer algo. Mis convicciones me dijeron eso, aunque allí mismo no sabía qué hacer. Sin embargo, mi misión era algo divino. No importa en qué situación me pueda encontrar, Dios me ayudará a trazar el curso correcto de lo que es significativo y tiene sentido.

Un curso significativo no solo para *mi* vida, sino para las de aquellos con quienes entro en contacto. Esta misión me ayuda a romper barreras y alcanzar el gran destino que Dios tiene para mí.

En este capítulo hemos seguido enfocando el primer pilar, al tomar lo que aprendimos en los anteriores para formar una declaración de misión, según los designios de Dios, para nuestra vida. Me gusta llamarlo «el hilo de oro». Es para lo que fuiste creado, la razón por la que estás aquí, aquello por lo que serás recordado. Es tu llamado de Dios, y tu razón de ser. Es lo que te hace totalmente único. Cuando surge oposición en contra tuya, cuando las barreras parecen infranqueables, cuando no parece haber solución a la vista, la misión de Dios para tu vida opera como un ancla. Ese es tu hilo dorado.

Una misión bien definida no cambia. Una declaración santa de misión sigue contigo a pesar de tu carrera, nivel educacional o estatus matrimonial. A medida que buscas romper las barreras, te dará gran claridad y te ayudará a navegar a través de los desafíos más difíciles. Promete ser una de las herramientas más poderosas para tu viaje.

Una misión claramente definida es un don de Dios y Él quiere que tengas este don. ¿Cómo defines tu misión? Yo comencé en 1985, después de terminar mi primer semestre en la universidad. Escribí sobre cómo quería que las personas me recordaran después de muerto. Escribí mi legado antes de vivirlo. Prioridades, valores, cualidades y rasgos piadosos se convirtieron en el punto de enfoque al definir quién era en mi declaración de misión. Veinte años más tarde, una gran parte de esta declaración original de misión aún me guía. Está bien definida y vivida. Ahora ¿qué hay contigo?

ESCRIBIENDO TU FUTURO

Imagina por un momento que vas a un funeral. A nadie le entusiasma ir a enterrar a alguien, especialmente a un ser querido. Después de que te despiertas y te duchas, te pones alguna ropa oscura y te vas a la iglesia. Desgraciadamente, hay mucho tránsito en la carretera por lo que llegas con varios minutos de atraso. Hay algo diferente en este funeral, porque antes de que comience la ceremonia, todos en la concurrencia deben mirar el cuerpo.

Al entrar en la calle de acceso, ves que está lleno el estacionamiento y que todos ya entraron. Te acercas a la puerta principal y te das cuenta que no hay música y que tampoco nadie está hablando. Todos esperan en silencio que llegue la última persona. Caminando por el pasillo del centro, te vuelves a tu derecha e izquierda, donde todos están sentados en sus lugares, esperando el comienzo. Tu cónyuge y tus hijos ya han llegado. Tus amigos y parientes cercanos están allí. Los que más aprecias y quieres están presentes. Asisten todos los que han jugado un rol significativo y positivo en tu vida a través de los años. De pronto, descubres a alguien que no esperabas en ese lugar. Dios, como estrella invitada, está sentado también en la primera fila.

En la parte delantera de la iglesia hay un ataúd abierto rodeado de velas y hermosos arreglos florales. El ocupante del ataúd abierto está elegantemente vestido. La atención al detalle es impecable. Ni un pelo está fuera de lugar. Para tu sorpresa, no es la persona que esperabas, sino que descubres que eres tú. No, ésta no es una película de horror. Sí, estás asistiendo a tu propio funeral y ahora vas a oír lo que tus seres queridos, tus amigos más apreciados y Dios mismo dirán acerca de ti.

Te sientas en la primera fila, al lado del Señor. Él te guiña un ojo y te da un apretón en la pierna, arriba de la rodilla. Después de escuchar tus canciones favoritas interpretadas por un vocalista destacado, el ministro dice: «En vez de escuchar un sermón mío acerca de nuestro amado difunto, vamos a oír a sus seres queridos».

Uno por uno, tus hijos, tu cónyuge, tus padres, tus parientes, tus amigos, tus compañeros de trabajo y Dios mismo se paran detrás del podio y se refieren al impacto que causaste en sus vidas. Comparten lo que significaste para ellos. Cuentan de tu amor, gentileza y bondad. En vez de escuchar acerca de todo el dinero que ganaste o acerca de la propiedad que compraste, oyes palabras con sentido y significado. Te usan como ejemplo de buen carácter. Las palabras que dicen no se limitan a un tiempo o espacio determinados, sino que implican términos y cualidades que perduran para siempre.

Responde a las siguientes preguntas (difundidas en el «best seller» de Stephen Covery *Los siete hábitos de personas altamente efectivas*):

- ¿Qué te gustaría que dijeran de ti en tu funeral?
- ¿Qué quieres que diga de ti tu cónyuge?
- ¿Qué quieres que digan tus hijos y tus amigos más cercanos?
- ¿Qué te gustaría que dijera Dios?

Piensa en algunos de los comentarios que te gustaría que tu familia y amigos hicieran de ti en tu funeral. Al comenzar trata de incorporar los atributos de Dios resumidos en el capítulo anterior, a lo que te gustaría que se dijera de ti. Si vamos a romper las barreras y llegar a ser todo lo que Dios nos destinó a ser, debemos edificar un corazón consagrado y una misión santa. Es vital integrar las características del corazón de Dios Padre a lo que deseamos llegar a ser.

En hojas separadas, escribe lo que te gustaría que cada una de las siguientes personas diga acerca de ti cuando te vayas de esta vida: cónyuge, hijos, familia, amigos cercanos, padres, compañeros de trabajo y Dios. Toma tu tiempo para imaginar lo que te gustaría que dijeran. Esta es una de las etapas más importantes en la formación de una misión santa.

En este ejercicio no se trata de lo que piensas que tus seres queridos podrían decir hoy, sino lo que quieres que digan al final de tu vida. Por ejemplo, podrías escribir: «Me gustaría que mis hijos digan que fui un padre amoroso y paciente que se daba el tiempo para escuchar sus asuntos. Que los cuidé y creí en ellos, fortaleciendo una sana auto-estima». Y podrían agregar, «Papá fue un hombre que amaba al Señor y mostraba el amor de Cristo a todos nosotros y muy especialmente a los menos afortunados».

Créelo o no, los atributos que allí escribas son la esencia de tus aspiraciones. Describen *tu hilo dorado*. Representan los valores centrales del legado que deseas dejar. Lo llamo el efecto de la bola de cristal. Es tu historia escrita por adelantado. Acabas de escribir como quieres que las personas te recuerden. Cuando ya el polvo se asiente en tu vida, cuando no quede nada sino quien eres y todo haya sido quitado, esas palabras que has escrito serán la principal forma en que la gente te recordará. Cuando cesa toda enfermedad, cuando las riquezas desaparecen y la fama se convierte en una memoria lejana, las cualidades mencionadas más arriba son las que quieres que recuerden las personas cuando se diga tu nombre. Un amigo mío dijo una vez: «No pueden culparme por el nombre que me dieron mis padres. Pero puedo ser culpado por lo que piensa la gente cuando escuchan mi nombre».

A medida que combinas los atributos santos discutidos en el capítulo previo, con lo que quieres que tus seres queridos digan de ti, comienzas a formar una declaración de misión con propósito, significado y sentido y, lo más importante, santidad. Una vez que formas una declaración de misión basada en los atributos del corazón de Dios, el primer pilar estará firmemente establecido en tu vida. Esto te da un claro propósito y un fuerte sentido de dirección. Aquí está cómo hacerlo.

FORMANDO UNA MISIÓN SANTA

Resume tu vida en una frase. Trata de no colocarle títulos tales como vendedor o dueña de casa. Concéntrate en un legado profundo que deseas dejar en la mente de tus seres queridos. Encuentra tu *hilo dorado*. Qué y quién eres es mucho más importante que lo que haces. Recuerda, hacemos lo que hacemos por ser quienes somos. No somos quienes somos por lo que hacemos. Por eso escribe quien eres en una frase honesta y haz una descripción sencilla sobre ti. Continúa esta frase con declaraciones individuales (puntos de apoyo) que provean claridad en áreas específicas de tu vida.

Descubrí un gran pasaje de la Escritura que define a Jesús. Lucas escribió en el libro de Hechos un mensaje de Pedro, en el cual Jesús no es descrito como un hombre que predicó a miles o edificó un gran imperio. Pedro no nos habla de riqueza material, países conquistados o gran fama. En vez de eso, este pasaje es una declaración de misión acerca de la grandeza de la persona de Cristo. Habla de lo que Él vino a lograr, cómo impactó en su entorno y cómo las vidas de las personas fueron cambiadas a través del contacto con Él. Resalta un puñado de cualidades poderosas y logros pertinentes a Su vida, dejando fuera solo Su crucifixión y resurrección.

«...*cómo Dios ungió con el Espíritu Santo y con poder a Jesús de Nazaret, y cómo este anduvo haciendo el*

bien y sanando a todos los oprimidos por el diablo,
porque Dios estaba con él" (Hechos 10.38 NVI).

Primero, este versículo dice que Jesús de Nazaret fue ungido por Dios con el Espíritu Santo y con poder. Fue un hombre lleno del Espíritu de Dios que provino de un pueblo
humilde. Está implícito que tenía el corazón de Dios Padre.
La convicción y el poder de Dios respaldaron Su ministerio
con la evidencia externa de señales y prodigios. Jesús fue un
hombre de Nazaret y fue santo, justo y respaldado cien por
ciento por Dios. Después dice que anduvo haciendo el bien.
¡Qué cumplido más grande le dio Pedro a Jesús con estas palabras! Muy pocas veces en mi vida he escuchado decir de
otras personas tal elogio. «Anduvo haciendo el bien» es uno
de los mayores logros para cualquiera en la raza humana.

Pero Pedro no se detiene allí. Sigue diciendo, «...y sanando
a todos los oprimidos por el diablo». Esto resume el ministerio
de Cristo en unas pocas y sencillas palabras. No solo fue Jesús
ungido por el Espíritu Santo y respaldado por Dios, sino que
también anduvo haciendo el bien. También fue más allá de lo
que se requiere de un ser humano, al entrar en el territorio del
diablo y liberar a aquellos encarcelados por Satanás. Esto implica que tuvo un ministerio de sanidad física además de espiritual. Alcanzó los cuerpos, almas y espíritus de las personas y
las liberó. Nótese que Pedro no se refiere a Cristo como uno
que discrimina en contra de alguien basado en edad, género o
raza. Pedro usa la palabra *todos. Todos* aquellos con los cuales

tenía contacto experimentaban total sanidad. Todos eran candidatos y receptores del poder sanador de Cristo, liberándolos de las garras del diablo.

Finalmente, Pedro termina su descripción de Jesús declarando que todo esto se logró porque «Dios estaba con él». ¿Qué movería a Cristo a llevar una vida tan destacada de autosacrificio? Obviamente, el amor es lo primero que nos viene a la mente. Pero allí hay algo más que el amor. Cristo vivió una vida sublime, tuvo el corazón de Dios el Padre, cumplió una misión consagrada y Dios estuvo junto a Él.

El verso no solo expresa admiración del corazón puro y la misión de Jesús en la tierra, sino que en este elemento final de la declaración, una vez más Pedro reconoce el respaldo y pleno apoyo de Dios al ministerio de Jesús.

Cuando estudio este pasaje de las Escrituras, me siento desafiado a vivir una vida destacada. Después que muera, quiero que las personas digan que Dios estuvo conmigo. Deseo ser recordado como un hombre que anduvo haciendo el bien y que compartió la sanidad de Dios con aquellos que estaban bajo el poder del diablo. Quiero que la gente diga que estuve lleno del Espíritu Santo y de poder espiritual.

Obviamente, no necesitas cortar y pegar la declaración de misión de Cristo a la tuya, pero es de ayuda ver el legado que Él nos dejó y cómo esto afectó profundamente a Pedro. Al construir tu declaración de misión, usa como ejemplo la descripción que Pedro hace como planteamiento general. Tu declaración de misión puede incluir subcategorías (puntos de apoyo) o alcances al matrimonio, el trabajo, la paternidad y salud espiritual y física. O puedes hacer declaraciones de misión individuales para cada una de estas áreas.

Sin importar el formato que escojas, construye una declaración que funcione para ti. Recuerda que debes crear algo que pueda ser comprendido por los que te rodean y que refleje las cualidades y atributos santos que hemos delineado hasta aquí en este libro.

Para que sea duradera y efectiva, tu declaración de misión debe estar basada en el carácter de Dios. Debe ser congruente con la dirección y voluntad de Dios para tu vida. Tu declaración de misión no se refiere exclusivamente a Él o a ti por separado. Por el contrario, se trata de un compromiso que refleja tu asociación con Él para completar la misión que ha dispuesto para tu vida.

Usa una hoja aparte para bosquejar tu declaración de misión y cómo quieres ser recordado.

MANTÉN TUS OJOS ENFOCADOS EN LA META

Paul Finkenbinder es un evangelista conocido en toda Latinoamérica. Tiene un programa de cuatro minutos que se transmite por televisión y radio y las transcripciones son publicadas en los periódicos de cada país. Pocos comunicadores modernos del mensaje de salvación de Dios han tenido tanto impacto. Hace unos años, estábamos desayunando juntos. Le pedí que me diera en dos o tres palabras lo esencial para formar un ministerio que tuviera un impacto internacional por las décadas venideras. Sonrió, sacó un pedazo de papel y anotó sus pensamientos. (Puedes encontrar más información respecto a su ministerio en www.box100.org.)

El primer punto era: «Encuentra una meta para tu vida». Esto es, de hecho, donde falla la mayoría, porque no tienen idea a donde van. Pero hoy, has dado un paso proactivo y has hecho algo que cambiará tu vida para siempre. Escribir tu declaración de vida te separa de los millones de personas que luchan impotentes para mantenerse a flote. Encontrar tu meta y edificarla sobre el fundamento de un corazón santo establece firmemente el primer pilar, al intentar romper barreras. Una misión santa te guía en la dirección correcta y te equipa con la primera herramienta para llegar a ser todo lo que estás destinado a ser.

En mi conversación con Paul Finkenbinder, tocó un segundo punto: «Juzga todas las elecciones a la luz de esa meta». Esto significa que debes constantemente evaluar tu dirección y tus decisiones a la luz de la meta de vida que te has propuesto. Cuando vienen las tentaciones, cuando surgen las distracciones, cuando las diversiones interrumpen, pesa todas tus opciones contra el hilo dorado de lo que deseas llegar a ser. Cuando se te presenta una oportunidad innovadora, cuando una puerta se abre, cuando una nueva posibilidad se presenta o cuando un nuevo prospecto se descubre, considera con precaución si ayudará o no a lograr la meta de tu vida.

Muchas ideas suenan buenas al principio. Muchas oportunidades se ven favorables para comenzar. Sin embargo, pocas sirven para que avances hacia tu meta. Por otra parte,

algunos descarrilamientos pueden ser bendiciones disfraza-
das. Algunas interrupciones o desviaciones son exactamente
lo que necesitas para llegar a ser lo que fuiste destinado a ser.
Por lo tanto, debes examinar cuidadosamente cada oportunidad que se te presenta.

TU BARCA NUNCA ZOZOBRARÁ

Un día los discípulos recibieron una importante lección respecto a no tener dudas sobre la visión que Dios había sembrado en sus corazones. Muchos de ellos eran pescadores
experimentados, navegaban en medio de tempestades y
habían enfrentado todo tipo de vientos y corrientes marinas.

Lucas 8.22–35 nos relata una historia fascinante. Después
de un largo día de trabajo, Jesús se volvió a sus discípulos y
les dijo: «Crucemos al otro lado del lago». Sus seguidores estuvieron de acuerdo y se dirigieron hacia el lado donde se
ponía el sol. Al inicio de la navegación el agua estuvo en
calma y como el mar no estaba rizado, Jesús se fue a la proa
de la barca y se recostó. Al cabo de unos pocos minutos se
había dormido profundamente.

De pronto los cielos se oscurecieron, comenzó a soplar el
viento, lo que produjo un gran oleaje, poco común. Era el
germen de una tormenta mayor. Los discípulos pudieron
manejar el desafío hasta que las olas comenzaron a romper
por los lados y el agua empezó a entrar a la barca desde todas

partes. A pesar de la rapidez con que trataban de sacarla, no podían parar la inundación.

Luego les sobrevino el pánico. *Se supone que esto no pasa en un lago*, pensaron. *Esta tormenta nos va matar a todos.* Justo antes de que se volcaran corrieron al fondo de la embarcación y despertaron a su Maestro. «¡Jesús, despierta! ¡Despierta! La tormenta es demasiado feroz. Nos vamos a ahogar!», clamaron.

Jesús se paró, miró al viento y le dijo: «¡Cálmate!» y a las olas les ordenó que «¡Estén quietas!» Los elementos hicieron exactamente lo que se les mandó. Todo volvió a estar en paz.

Los discípulos quedaron estupefactos y llenos de sobrecogimiento. Se dijeron unos a otros «¿Quién es éste? Manda que el mar y los vientos le obedezcan y lo hacen».

He mirado este pasaje de las Escrituras muchas veces, preguntándome *¿por qué dormía Jesús?* He llegado a dos conclusiones sencillas. Primero, dormía porque estaba cansado. Jesús había trabajado duro todo el día y su cuerpo le decía que era tiempo de descansar. Aquellos que vuelan de una ciudad a otra a menudo afirman sus cabezas y se duermen antes que el avión se aleje de la manga de estacionamiento. ¿Por qué? Porque están cansados.

Jesús no sólo estaba cansado, sino que tenía otro motivo para quedarse dormido. Creo que se durmió porque tenía la total seguridad acerca de un hecho sencillo: Sabía que iba llegar al otro lado. No sólo tenía una misión; también tenía confianza. Esto es algo que a muchos nos falta. Puede que tengamos dirección y una nueva oportunidad, pero, además, es imperativo que tengamos confianza en la misión para avanzar en la dirección correcta.

Noten lo que ocurrió una vez que los discípulos lo despertaron. En vez de agradecerles por su alarmante llamado ante el peligro, los retó por su falta de fe. Recuerden que estos pescadores eran experimentados y sabían leer las señales del tiempo. Imaginen si un piloto y un primer oficial salieran corriendo de la cabina de mando de un avión en medio de una tormenta eléctrica gritando: «¡Despierten todos! ¡El avión se va a caer! ¡Todos vamos a morir!» Causaría un caos total a bordo. Los discípulos eran tan hábiles como cualquiera en esa especialidad, sin embargo sus corazones se llenaron de temor. La tormenta era feroz y superó su auto-confianza, por lo que perdieron la seguridad de que llegarían al otro lado. Esto es precisamente lo que enojó a Jesús, pues en las mentes de los discípulos existían motivos para preocuparse, pero en la de Él no los había.

La diferencia entre Cristo y sus discípulos está clara. Aunque Jesús no era un pescador hábil, era un experto en la fe y conocía su destino. Su futuro estaba seguro. Los discípulos no sentían igual confianza, por lo que en breves momentos se llenaron de pánico y perdieron contacto con el gran destino del Reino que promovía Jesús. Perdieron de vista el rol mayor que cada uno de ellos jugaría al impactar a miles y a través de los siglos, a millones de millones de personas.

Jesús no los reprendió por su temor, lo hizo por su falta

de fe. Preocuparse de algo es correcto y a veces hasta sano. El temor y la preocupación llegan a ser perjudiciales cuando comienzan a ahogar nuestra visión de futuro. La lección para nosotros es evidente: una vez que estamos convencidos de que hemos abrazado el corazón de Dios y establecido Su misión para nuestras vidas, debemos adherirnos a ella, pase lo que pase. Debemos mantener el curso. Muchas tormentas se formarán ante nuestros ojos. Nos sacudirán los terremotos. Nos afectarán los reveses financieros. Las barreras se alzarán, pero a pesar de todo y en medio de la dificultad, la lucha y la adversidad, debemos permanecer fieles a nuestra misión. Si somos fieles al corazón de Dios y a la misión, Él permanecerá fiel a nosotros. Si somos compañeros con Jesús, nuestra barca nunca naufragará.

¡NINGUNA TORMENTA DURA PARA SIEMPRE, NI LA MÁS PERFECTA!

Comenzamos el proceso de cambio con la creencia que, ante la adversidad y el desafío, Dios quiere lo mejor para nuestra vidas. Con esto, no estoy diciendo que Dios quiera lo que es más fácil para nosotros. Él desea que tengamos vidas desafiantes en las que aprendamos y crezcamos. Nunca he esperado ni orado para que mis hijas, a quienes amo profundamente, tengan vidas fáciles, porque una existencia así produciría flojera. En vez de eso, quiero que enfrenten y conquisten los desafíos en su niñez que les prepararán para cuando adultas.

Por favor no me malentiendan; no quiero que ellas experimenten dolor, ni angustias, pero para el sano crecimiento es necesario desarrollar ciertos niveles de resistencia. Así como un músculo crece al levantar pesas, nosotros crecemos como resultado de enfrentar desafíos.

De la misma forma, Dios quiere que nosotros, Sus hijos, lleguemos a ser todo lo que podemos ser. La única forma en que podremos alcanzar nuestro pleno potencial es rompiendo barreras. Las barreras, por definición, son desafíos y resistencias. Puesto que creemos que Dios quiere lo mejor para nosotros, creemos también que Él quiere que tengamos victoria sobre nuestros desafíos. No existe triunfo sin batalla y las vidas fáciles no tienen batallas y, por lo tanto, tampoco logran victorias. Son lo que son, trayectorias preestablecidas, sin sentido y aburridas.

Romper barreras no es para endebles. Cuando planificamos hacer realidad nuestro máximo potencial, enfrentaremos desafíos y lucharemos con la adversidad. La forma en que nos manejemos a través de tales dificultades determinará si alcanzamos o no nuestras metas. En la mayoría de los casos nuestros problemas no son nuestros mayores desafíos. Cómo los enfrentamos a la luz del amor de Dios determina si avanzamos o no.

Nunca olvidaré el día en que mi hija llegó del colegio con una temperatura de 39 grados. Le dimos acetaminofén para la fiebre pero la fiebre nunca bajó. Mi esposa la llevó a la clínica en el centro de San José, Costa Rica. Allí le dijeron que tenía una infección urinaria y una faringitis bacterial. Explicaron que con unos antibióticos estaría bien. Pasó el fin de semana, pero su fiebre nunca bajó de 37 grados.

A estas alturas nos preocupamos. Le dolía todo el cuerpo, su garganta estaba hinchada y sensible. Además, experimentaba ardor al orinar, por lo que la llevamos de nuevo a la clínica.

Le hicieron exámenes de sangre, midieron su nivel de anticuerpos y auscultaron su físico de diez años. Los resultados eran más que desalentadores. Tenía apendicitis, además de laringitis e infección urinaria. Tendría que someterse a una apendicetomía de urgencia esa misma noche. Mi corazón desfalleció.

Después de acostar a nuestras otras dos hijas, les expliqué que tenía que irme para estar con Celina y mamá en la clínica. Les dije que su hermana necesitaba nuestras oraciones porque la iban a operar. Las hijas de nuestro pastor vivían frente a nosotros y les pedí que se preocuparan de las nuestras durante la operación. Gentilmente accedieron.

Manejé hacia la clínica a eso de las 21:30 horas. No nos afectó que la operación se hiciera en una clínica lejos de nuestro país, pero sí el hecho de estar sin familiares. Nuestro pariente más cercano estaba a miles de kilómetros de distancia y por la urgencia de la operación, nadie podía volar para acompañarnos personalmente.

Caminé a la sala de emergencia donde los médicos habían terminado de hacer su diagnóstico. Pedí unos momentos de privacidad con mi hija. Cerrando la cortina, coloqué mis manos en sus pequeñas mejillas y miré en sus ojitos azules. Nunca olvidaré lo último que le dije: «Celina, quiero que sepas que te amo». Ella asintió nerviosamente. «¡El Señor te ama también!» Otra vez asintió. «Celina eres una niña buena. Eres una niña especial. Todo va a salir bien. Vas a estar bien». Tomé sus manos y apreté mi mejilla contra la suya. «Te veré cuando salgas», le dije.

La operación estaba programada para comenzar a las 23:00 horas. Otra pareja misionera se unió a nosotros mientras permanecíamos en la sala de espera. Hasta el día de hoy agradezco al Señor por ellos. Nos mantuvieron riendo mientras compartíamos historias misioneras de horror.

Alrededor de la 1:00 a.m. el doctor apareció y dijo: «La operación salió bien y ella está en la sala de recuperación. Señor Frenn, ya puede volver a casa a descansar». Le comenté a mi esposa, «Si tú te sientes bien, volveré a casa a estar con nuestras hijas». Ella se quedó para acompañar a Celina hasta el día siguiente.

Alrededor de las 3:30 a.m. recibí una llamada telefónica de mi esposa que, llorando y con una nota de pánico en su voz, me preguntó: «Jason, necesito saber si Celina tiene algún antecedente de problemas respiratorios». Le dije que no. «¿Por qué?», pregunté. Dijo, «Se ha ido el médico y no hay nadie por aquí. Tiene mucha dificultad para respirar, sus pulmones se están llenando de fluido y sus riñones no están funcionando.

Por favor, ora. ¡Necesitamos un milagro! Se acerca alguien. Debo irme». Luego colgó.

No hay palabras para describir cómo me sentí. Cualquier intento por explicar mis sentimientos quedaría corto frente a la realidad de ese momento. Era como si hubieran arrancado mi corazón y mis pulmones de mi pecho después de golpearme fuertemente en la cara, con un mazo. Habría dado cualquier cosa por cambiar de lugar con Celina.

Traté de llamar a varios miembros de la familia para alertarlos a que oraran, pero no recibí respuesta. En realidad no esperaba que la hubiera. También llamé a varios amigos de Costa Rica que no contestaron. En todos los casos escuchaba el mismo mensaje de voz en la grabadora, mientras permanecía anclado en casa. No había dónde ir, nadie que me pudiera ayudar o con quien conversar. Mi esposa, por su parte, estaba aislada en el hospital. Ella no tenía quien la apoyara y al igual que yo, no podía conversar con nadie, ni lugar alguno donde ir. Lo único que nos conectaba era un teléfono celular. Tenía el auto, pero mis niñas estaban durmiendo y no las podía dejar solas.

Entré al dormitorio vacío de Celina. Su cama estaba tendida con sus peluches alineados en perfecto orden. Me arrodillé al lado de su cama e hice otra llamada. Esta vez clamé al Señor. Él es Alguien a quien siempre puedo llamar. No importa cuántas veces lo llamemos, ni la hora del día, Él siempre responde y nunca falla. Cuando clamamos en el nombre del Señor, la llamada nunca es desviada a un buzón de voz.

No soy sensacionalista ni propenso a exagerar las cosas, pero sentí que el Señor mismo se arrodilló justo a mi lado y comenzó a interceder por mi hija. Esto es lo que la Biblia dice en Romanos 8.34: «Cristo Jesús es el que murió, e incluso resucitó y está a la derecha de Dios e intercede por nosotros» (NVI). ¡Qué privilegio más grande el poder ir al Señor en tiempo de necesidad! Jesús intercede por nosotros. En mi momento de crisis colocó su brazo alrededor mío y juntos oramos por mi hija. Aunque no había nada para ver con mis ojos físicos, algo ocurrió en esos quince minutos de oración intensa. Hacia en final me sobrevino una inmensa paz. Fue entonces que mi esposa llamó por segunda vez.

Dijo: «Celina aún tiene dificultad en respirar, pero se ha estabilizado. La están cambiando a una pieza privada». No, no habíamos salido del problema. Pero la palabra *estabilizado* era reconfortante, y la paz que esto me dio me permitió dormir por una hora y media. Temprano, a la mañana siguiente, coloqué a mis otras niñas en el bus del colegio y me dirigí a la clínica.

El panorama que me esperaba en la sala del hospital de mi hija era impresionante. Contra la pared estaban parados Paul y Karla Weis, nuestros directores de área. Ambos con lágrimas en los ojos. Contra la otra pared estaba mi esposa. Todos miraban a un pequeño cuerpecito que yacía en cama conectado a una variedad inimaginable de tubos. Los médicos le habían colocado un catéter, una intravenosa, un tabulador puesto sobre la punta de sus dedos para medir los niveles de oxígeno en la sangre y muchos otros cables monitoreando su corazón, mientras le administraban un cóctel de antibióticos para luchar contra su bronconeumonía. Se veía blanca como un fantasma.

En medio de las lágrimas que me corrían por las mejillas, la llamé por su nombre y acaricié su pelo mojado. Su piel estaba húmeda y sin color. Luchaba por respirar. Su pecho se expandía al ritmo de treinta aspiraciones por minuto.

A medida que avanzaba el día, comenzaron a llegar los amigos. Muchos parientes llamaron y la noticia se extendió: nuestra hija necesitaba la ayuda de Dios. Personas de todo el globo comenzaron a orar por ella. Esta fue una mañana crucial, y Cindee y yo estamos eternamente agradecidos a aquellos que oraron con nosotros en esas difíciles ocho horas. Aunque ellos no estaban presentes, estuvieron junto a nosotros en espíritu.

Como a las 10:00 de la mañana, nuestro médico de familia, que no había estado presente durante la operación, entró a la pieza y dijo: «Realmente no puedo decir nada, pero creo que algo salió mal cuando le administraron líquido durante el procedimiento. Obviamente no hubo control y estuvo a punto de ahogarse».

Al atardecer entraron los dos cirujanos y uno de ellos dijo: «Primero quiero agradecerles a ambos por lo bien que han asumido la situación. La mayoría de los padres ya habrían perdido el control, a estas alturas. Estarían gritando y amenazando con acusarnos por negligencia profesional. Pero ustedes se han controlado muy bien en esta tormenta».

Le dije: «Dígame, doctor, ¿qué salió mal? ¿Por qué nadie supo que ella estaba desarrollando neumonía?»

Respondió: «Normalmente se pesquisa esto, pero desgraciadamente esta vez no se hizo. No hay excusa y sinceramente lo lamento». Respondimos, «Ella se ha estabilizado y Dios ha intervenido. Eso es lo importante ahora».

Esa noche mi esposa volvió a casa para dormir bien. Yo me quedé en el hospital y observé su pequeño cuerpecito luchar por cada aliento por unas horas. Alrededor de las 19:00 horas, los médicos removieron el catéter junto con todos los alambres, excepto el monitor de oxígeno y la intravenosa. Enseguida querían que ella se levantara y tratara de caminar al baño, a lo que rehusó obstinadamente diciendo, «No quiero ir al baño».

Le dije: «Amor, debes tratar. Además, los médicos dicen que necesitas hacer que la sangre se mueva un poco».

Sacudió la cabeza en frustración y aceptó, diciendo: «Bueno, ya».

Demoró cerca de cinco laboriosos minutos prepararla para el viaje de 3 metros. Tenía mucho dolor y cada paso originaba un gemido justificado. Cuando entró al baño se volvió y dijo en un tono agresivo: «¡Nunca debí venir a este hospital! ¡Mírenme!»

Lleno de tristeza y dolor, miré hacia abajo y compartí algo desde lo más profundo de mi corazón. Dije: «Amorcito, lo siento. Si no hubiéramos sido misioneros, quizás no estaríamos en este problema. Quizás si nunca hubiésemos abordado el avión para mudarnos a Centroamérica, esto nunca te hubiera ocurrido».

Su semblante cambió y respondió con confianza: «Oh, papá, no digas eso. Me encanta que seas misionero. Amo este país. Odio este hospital, pero amo ser misionera».

En cinco segundos mi hija me corrigió sobre las prioridades de la vida. Ella reordenó mi punto de vista. De pronto, recibí una perspectiva enteramente nueva en medio de la tormenta. Volví a encontrar el curso de Dios.

Aprendí una lección importante: Ninguna tormenta dura para siempre, ni aun la más perfecta. En vez de evitar el dolor a toda costa, el mejor camino es encontrar la forma de enfrentarlo. El dolor es inevitable. Siempre será parte de la vida. Cómo enfrentamos la barrera, sin embargo, determinará si la superamos o no. No existe mejor forma de enfrentar los desafíos que hacerlo junto a Dios. Él no desea que tengamos una vida fácil, sino una vida significativa y con sentido. Esto implica que el crecimiento y la superación de barreras siempre formarán parte del proceso. ¡Deben ser superadas! Y Dios quiere que las quebremos, no que las evitemos.

Muchas personas siguieron visitando y monitoreando la recuperación de nuestra hija en los cuatro días que Celina estuvo en el hospital. Dentro de ese tiempo sus pulmones se despejaron de todo fluido. Los médicos dijeron que nunca habían visto una recuperación tan milagrosa de pneumonía tan severa. Sí, hubo un milagro. Sus pulmones habían experimentado sanidad. Por cierto, su recuperación fue milagrosa.

En ese periodo de tiempo, con mucha oración, la mano del Señor trajo sanidad a su cuerpo. Hubo otros logros, además de la sanidad física vista por el ojo humano. Quizás el más destacado fue la nueva perspectiva desde la que yo percibí las barreras que enfrentaba.

La verdad es que no quiero ver nunca más a ninguna de mis hijas en esta condición. No se lo deseo a nadie. Sin embargo, por medio de esta dificultad me di cuenta de una simple verdad. Sin esta experiencia dolorosa, no sería quién soy hoy. Celina no sería quién es hoy. Mi perspectiva de servicio al Señor en un país extranjero no sería la que es hoy. Me doy cuenta de una manera muy personal que Dios no quiere que mi vida sea fácil, sino que sea significativa. Quiere que no movamos más allá de las barreras y lleguemos a ser todo lo que podemos ser.

Hoy nuestra hija es una adolescente equilibrada, muy dedicada a su relación con el Señor. Sirve con gozo en el ministerio y no alberga resentimiento o enojo. Años más tarde, el único recuerdo negativo de su tiempo difícil en el hospital es una cicatriz corporal de seis centímetros por donde los médicos le removieron el apéndice.

Al leer este libro, espero que no pienses que te estoy prediciendo desastres. Al contrario, quiero que seas bendecido con una vida llena de significado. Y espero que comprendas que a medida que comienzas a alcanzar tu máximo potencial, tropezarás con barreras. Espera también tiempos de dolor. La forma cómo enfrentes tales adversidades determinará si alcanzas o no el gran destino que te espera.

No existe obstáculo demasiado grande. No hay barreras que no se puedan remover. No hay retraso demasiado extenso. No existe día de sufrimiento demasiado grande. No importa cuán intensa sea la tormenta, no durará para siempre. Nunca lo hace.

Creo que un nuevo amanecer te espera. Quizás tu hijo está enfermo o tu matrimonio está fallando. Quizás un ascenso en tu trabajo está fuera de tu alcance. Quizás tu casa soñada es inalcanzable o demasiado costosa. No importa cuál sea la barrera, no importa cuál sea el obstáculo que enfrentas, ¡un día nuevo amanece!

Dios, el Autor de la vida, te mira con entusiasmo y anticipación. Espera obrar en ti, Su creación, para superar los asuntos que te limitan y para cumplir su maravillosa llamada en tu vida.

En el capítulo anterior trabajamos juntos para formar un corazón santo. En este capítulo hemos tallado una declaración de misión. No importa en qué circunstancias nos encontremos, Dios nos ayudará a trazar un curso significativo y que tenga sentido, no sólo para nosotros, sino también para aquellos con los que tenemos contacto. Nuestra declaración de misión nos guiará hacia la victoria y al gran destino que Dios tiene pensado para nuestras vidas. Cuando te levantes por la mañana, acuérdate de tu hilo dorado ¡y vívelo cada día!

Felicitaciones, el primer pilar está en su lugar. ¡Vas camino a una gran victoria!

⁓∞⁓

Los siguientes dos capítulos tratan de la sabiduría santa, que es el segundo pilar. La sabiduría consagrada nos entrega la habilidad para tomar buenas decisiones en armonía con nuestras misiones santas. La sabiduría nos ayuda a decidir el mejor curso de acción para lograr nuestras metas. Con la ayuda de Dios, veremos gran progreso en la superación de barreras que nos impiden avanzar.

Dios nos ama y quiere lo mejor para nuestras vidas. Al terminar este capítulo, digamos juntos la siguiente oración. El Señor honrará tu deseo de implementar lo que has aprendido hasta aquí.

Amado Señor, gracias por darme el don de la vida. Me doy cuenta que has creado la vida llena de propósito, significado y sentido. Crea en mí tu corazón santo mientras intento desarrollar una declaración santa de misión. Sé que me has llamado a un propósito y un destino. Ayúdame a tomar el primer paso para romper las barreras al escribir Tu hilo dorado para mi vida.

Necesito Tu ayuda para descubrir el objetivo de mi vida y moverme hacia él con gran coraje y convicción. Ayúdame a juzgar todas las elecciones de mi vida por esa meta para que me mantenga en curso. En tiempos de crisis y de adversidad, ayúdame a saber que Tú estás allí y que me guiarás a través de las dificultades. Te pido Tu guía, dirección y firmeza, en el nombre de Jesús. Amén.

La Sabiduría del
Padre   Hijo

Buen Juicio

Temor y Respeto   Conocimiento   Creatividad

Perspectiva Divina   Sentido Divino   Nuevos Paradigmas

LA SABIDURÍA DEL HIJO

Dios ha provisto sabiduría por medio del ejemplo de Su Hijo, Jesucristo. De todas las personas en la Biblia, Cristo fue el más sabio y demostró Su sabiduría con gran humildad y gracia. Enfrentó barreras ministeriales, sociales y políticas todos los días. Con desenvoltura, debatió con las autoridades, enseñó a las multitudes y bendijo a los pobres.

En tiempos de adversidad y confusión, la sabiduría de Cristo nos ayuda a tomar buenas decisiones, las que están en armonía con nuestra misión. La sabiduría santa nos ayuda a juzgar cada decisión que tomamos a la luz de nuestras misiones santas. Yo llamo a este el segundo pilar. Se conecta sin interrupción con el corazón del Padre (el primer pilar) y nos lleva un paso más cerca en nuestra tarea de romper las barreras y llegar a ser todo lo que Dios destinó que fuéramos.

CAPÍTULO 4

Actúa en la perspectiva de Dios

En junio de 2004, Cindee, las niñas y yo terminamos otro período de cuatro años como misioneros en Centroamérica. Salimos de nuestra casa, dejando todo almacenado y nos dirigimos a un hotel dos días antes de la partida. Al llegar al vestíbulo le pedimos al botones que nos guardara cuatro maletas en custodia.

Profundamente dormido, a las 4:30 a.m. recibí la típica llamada del operador del hotel, que me sacudió de un estado de coma y me dijo que era tiempo de levantarse y partir al aeropuerto. Estábamos todos exhaustos porque habíamos ido la noche anterior a una «quinceañera» (una fiesta para chicas de quince años muy de moda en Latinoamérica). Saliendo de la pieza a tropezones, justo antes de las 5:00 a.m., apenas alcanzamos el transporte al aeropuerto. Estábamos entusiasmados por volver a casa, en un vuelo desde Costa Rica a Los Ángeles.

El chequeo fue sorprendentemente rápido. Pasamos por seguridad sin ninguna demora. Dejamos nuestro equipaje de mano cerca de la puerta de embarque y nos sentamos a descansar durante los veinticinco minutos que faltaban para despegar. Queriendo llevarse una última porción de Costa Rica, Chanel, nuestra hija del medio, se volvió a Cindee con lágrimas en sus ojos y preguntó si podía ir al kiosco a comprar un pedido de arroz con frijoles. Le di el dinero y ella partió. Jazmín, entretanto, se quedó dormida al lado de su mochila y su equipaje.

A las 6:35 a.m., vino el anuncio: «A todos los pasajeros, por favor, avanzar a la puerta cuatro para comenzar el embarque de inmediato». Caminamos por la larga rampa y nos subimos al 757 que nos llevaría de vuelta a nuestra patria. Todo salió sin complicación. El embarque fue muy rápido. Las niñas estaban ubicadas tres filas adelante de nosotros. Salimos de la puerta de embarque cinco minutos antes de lo programado. *L A aquí vamos,* pensé.

Al acercarnos al final de la pista después de carretear, esperamos como siete minutos para que se nos diera la autorización de despegue. La línea aérea en la cual volábamos permite a los pasajeros escuchar las conversaciones entre los pilotos y la torre de control. Debo admitir que soy adicto a este servicio. Disfruto escuchando cada transmisión desde y hacia la cabina. Es lo que hice en ese momento.

De pronto, oí algo que atrajo mi atención. La torre de control llamó a nuestro avión y dijo: «Tenemos una maleta que no alcanzó el vuelo. El dueño es el señor Jason Brent». Desde que vivo en Centroamérica, pocos han pronunciado bien mi nombre, pero estaba bastante seguro de que se referían a mí... Una de *mis* maletas no había alcanzado el vuelo. Pensé que era extraño porque habíamos sido de los primeros en hacer el chequeo de equipaje.

El piloto respondió: «Tengo entendido que la maleta hará el vuelo mañana». La torre de control respondió: «Afirmativo... por favor manténgase en estado de alerta». Pasaron largos minutos. Esperábamos allí al final de la pista y yo sabía que una de mis maletas no haría el vuelo internacional. La línea aérea la tendría que entregar en nuestra dirección en Los Ángeles.

Luego, la torre de control dijo: «El avión no puede ser autorizado para despegar, porque llamamos al OIJ (el FBI de Costa Rica) para que examine la maleta sospechosa. Por favor manténgase en alerta». De pronto mi presión normal de sangre subió de 120/80 a cerca de 150/90.

Por favor, manténgase en alerta. Yo no quiero mantenerme en alerta, pensé. *¿Qué rayos está pasando con mi maleta y por qué la está examinando el OIJ?*

Luego, la torre de control dijo: «Pareciera que han etiquetado este equipaje como amenaza de bomba. Las autoridades locales quieren que el pasajero desembarque. Por favor manténgase alerta». En ese momento, creo que mi presión sanguínea debe haber alcanzado 180/110. Pasaron dos minutos más antes de que la asistente de vuelo anunciara por el altoparlante: «Sr. Jason Brent, por favor identifíquese presionando el botón amarillo sobre su asiento».

Esperé algunos segundos, para comprobar si *había* realmente un Jason Brent, aunque todo el tiempo supe que me buscaban a mí, Jason Frenn. Los más de cien pasajeros esperaban ansiosos el momento en que este señor Jason Brent se identificara. Respiré profundo y levanté mi mano en cámara lenta. Luego presioné el botoncito naranja con el ícono de un asistente de vuelo cargando una bandeja de comida. Debo admitir que tuve miedo que, en lugar de una bandeja, apareciera alguien con unas esposas. Al momento de presionar el botón, el sonido pareció bajar una octava o dos y en vez de un amistoso *bing*, sonó como un siniestro *bong*.

Instantáneamente, estaba conectado al crimen. No había duda. No había más preguntas sobre quién era el culpable. Todo el que escuchó la conversación entre la torre de control y nuestros pilotos me identificaron con las palabras «amenaza de bomba». Pasé de ser un viajero cotidiano y normal a un terrorista del tercer mundo, en dos segundos.

La asistente de vuelo volvió con una expresión bastante seria en su semblante. Ella dijo: «¿Es usted Jason Brent?»

Repliqué: «No, mi nombre es Jason Frenn. Escuché las conversaciones entre los pilotos y la torre de control y realmente siento toda esta confusión».

Ella dijo: «Se nos ha dicho que esperemos».

Pasaron quince minutos antes de que la torre finalmente

respondiera: «Recibimos otra comunicación de las autoridades. Ellos definitivamente quieren que baje el pasajero e identifique su maleta». A esta altura estaba claro que todos en el avión escuchaban las transmisiones radiales.

Mi mente comenzó a acelerarse. Preguntas y dudas corrían rápidamente por mi cabeza: *¿Qué sería? ¿Qué habría provocado que las autoridades detuvieran el avión y me obligaran a bajar bajo la sospecha de que llevaba una bomba? ¿Qué podría haber en nuestra maleta que les hiciera pensar en un ataque terrorista?*

Luego recordé que mientras nos quedamos en el hotel la noche anterior, guardamos cuatro de nuestras maletas en custodia. Me volví a mi esposa y dije: «¿Estuvieron nuestras maletas con llave o selladas mientras estuvieron guardadas en el hotel?»

Ella respondió: «Ni siquiera he pensado en eso».

Pensé, *Apuesto que alguien puso algo en una de nuestras maletas mientras estábamos en la habitación. La persona obviamente sabía que yo nunca revisaría. Y como resultado, me van a meter a una prisión costarricense por el resto de mi vida. Sin importar lo que pase, esto va a ser horrible.*

Podría no haber sido alguien del hotel. Quizás nuestro computador iMac provocó algo en la máquina de rayos X. Tal vez era el transformador de doce voltios o algún otro artefacto electrónico que traíamos con nosotros.

Mientras me ahogaba en un pozo negro de paranoia y juegos mentales, el capitán giró el avión y volvió a la terminal.

Antes de llegar a la puerta, sin embargo, el avión fue desviado a un lugar aislado a noventa metros de la terminal, donde se apagaron los motores. La auxiliar de vuelo volvió y me pidió que me moviera a la parte delantera del avión.

Santiago 1.5 dice: «Si a alguno le falta sabiduría, pídasela a Dios, y él se la dará, pues Dios da a todos generosamente, sin menospreciar a nadie» (NVI). Así que le pregunté al Señor, «¿Dios, qué debo hacer? Necesito *Tu* sabiduría».

Una pregunta sencilla surgió en mi mente. Resultó ser la pregunta más sabia de la semana. Mientras la auxiliar de vuelo me escoltaba adelante, le pregunté: «¿Estaría el piloto dispuesto a acompañarme a bajar del avión?» Algo desconcertada replicó: «Bueno, supongo que le podemos preguntar».

A veces lo más sabio que podemos hacer es formular una simple pregunta. La auxiliar golpeó en la puerta de la cabina y un piloto alto y bien parecido abrió. Ella dijo: «Capitán, al Sr. Frenn le gustaría que usted lo acompañara a la terminal». Él sonrió y dijo: «¿Por qué no?»

Al principio, fue incómodo mientras esperábamos pacientemente que la tripulación de tierra abriera la puerta del avión. Se sentía como estar en un ascensor cuando todos sólo miran los números que cambian al indicar el piso que van pasando.

Finalmente, rompí el silencio. «Si por alguna razón no puedo volver al avión, mi esposa y mis hijos están viajando conmigo». Él dijo: «Lo sé. Traté de decírselos a las autoridades, pero no me escucharon». Esto me sorprendió. Aparentemente, sabía todo acerca de nosotros, antes de estacionar el avión.

Dijo: «¿A qué se dedica?»

Yo dije: «Somos misioneros».

«Oh, eso es grandioso», respondió.

«Además, soy ministro ordenado», le dije.

Bromeando, él entornó los ojos, como si dijera con sarcasmo: «Bueno, obviamente eres un riesgo para la seguridad».

De pronto, tenía un aliado, un aliado poderoso y respetado.

Cuando la tripulación de tierra y las autoridades abrieron la puerta y vieron que el piloto iba conmigo, su conducta cambió. Con respeto y cortesía nos escoltaron a una minivan que nos llevó de vuelta a la terminal principal. Salimos del vehículo y el personal de la línea aérea sonrió y dijo: «Por favor, tomen las escaleras a un costado de la pista». Subimos las escaleras y bajamos la rampa hacia la misma puerta por la que habíamos abordado el avión hacía una hora y treinta minutos. Lo que podría haber sido un escenario en el cual me tomaban preso para *quién sabe dónde*, cambiaba a una operación VIP de recuperación de equipaje.

Pensé, *Esto es extraño. ¿Por qué no me llevan abajo, donde están las bodegas de equipaje y cargo? ¿Por qué no nos dirigimos a la oficina de algún interrogador? Quizás las autoridades tienen oficinas en la terminal principal donde están todas las puertas de salidas.*

En esencia, nos devolvíamos sobre nuestros pasos originales.

Era el mismo recorrido que hicimos cuando abordamos el avión. Nos dirigimos por el mismo túnel, caminamos frente a la misma persona que recibió nuestras tarjetas de embarque y llegamos a la misma puerta. Al observar el área, noté una maleta de mano en medio de un círculo de personal de seguridad. Era la maleta negra de mano que mi hija arrastraba tras ella hasta que nos sentamos por esos breves veinticinco minutos antes de abordar el vuelo.

De pronto, mis nervios comenzaron a calmarse. Balbuceé: «Oigan, esa es la maleta de mano de mi hija. Lo siento tanto. Debe habérsele quedado. Perdónenme por el inconveniente. ¿Quieren que la abra?»

Respondieron a la vez: «Por favor», mientras cautelosamente retrocedían unos cinco pasos.

Abrí la maleta de mano y saqué un secador de pelo, unas tenacillas de rizar, algunos pequeños paquetes de maquillaje y un par de otros artículos de baño.

Dije: «¿Necesitan ver algo más?»

Dijeron: «No».

Les pregunté si se habían tomado la libertad de inspeccionar la maleta. Dijeron que no lo habían hecho. Les pregunté si tenían perros adiestrados en la ubicación de bombas. Respondieron: «Sí, pero no queríamos molestarnos en hacerlos traer para inspeccionar la maleta. Sentimos que sería mejor que viniera el dueño, reclamara la maleta y la abriera él mismo».

El capitán estaba un poco molesto porque no habían

destruido la maleta hacía una hora. Yo me sentí aliviado, pero avergonzado. Él y yo giramos y volvimos al avión. Nunca había visto las serias repercusiones que podía traer una maleta abandonada en un aeropuerto, aun una tan inocente como el equipaje de mano de mi hija. En la minivan dije: «Me imagino que les debo a todos una disculpa». Él dijo: «No le debe nada a nadie. Dígales que su maleta ha sido liberada. Eso es lo que les voy a decir a todos. No se preocupe».

Una vez que subí al avión, enfrenté a más de cien pasajeros, algunos ansiosos preguntándose si yo era un terrorista. Creo que lo más chocante para ellos fue no sólo ver a un pasajero obligado a identificar una maleta cuestionable, sino que también verlo volver al avión con otra maleta y meterla en el compartimiento de arriba. Parece irónico ¿verdad?

Después de siete horas de viaje y una detención en Guatemala, aterrizamos una hora y quince minutos atrasados en Los Ángeles. Numerosos pasajeros perdieron sus vuelos de conexión. No es necesario decir que ninguno de ellos estaba contento conmigo. Los veinte minutos que pasamos parados alrededor de la correa transportadora para recuperar nuestros equipajes fueron muy incómodos.

Finalmente, el equipaje comenzó a llegar y una rubia adolescente acompañada por su amiga se acercó al punto donde yo estaba parado. Se cruzó de brazos y meneó la cabeza mostrando disgusto. Luego se volvió a mí y dijo: «No puedo creer que he perdido mi vuelo de conexión. Eso ha complicado mucho mi programa. Me encantaría encontrar al *idiota* que dejó su maleta en el aeropuerto de San José y causó esta enorme demora».

Ante eso, su amiga trató de detenerla y le susurró con fuerza al oído: «Shhhh, está ahí. ¡Ese es el idiota!»

Inmediatamente se sonrojó. Con calma me volví hacia ella y dije: «Ese he sido yo».

Sin una pequeña dosis de sabiduría, el resultado de ese incidente podría haber sido muy diferente. La sabiduría llamó a mi puerta en el momento crucial de la situación. ¿Cuándo vino? Llegó después que se la pedí a Dios. Mientras las autoridades enviaban un auto para llevarme de vuelta a la terminal, cortésmente le pedí al piloto que me acompañara a ver cuál era el problema. Cuando él con amabilidad asintió en escoltarme, mis nervios comenzaron a descansar, mi corazón bajó el ritmo y fui capaz de pensar sin ser paranoico. Me sentí más seguro, en vez de fuera de control. Fui capaz de comunicarme sin hablar de más. Todavía más importante, la sabiduría me dio un aliado que conocía las reglas. Y me aseguré de un hecho sencillo: mientras el piloto estaba a mi lado, ¡ese avión no iba a ninguna parte!

El ser sabio nos da la habilidad de hacer las preguntas adecuadas y la destreza de tomar decisiones seguras. En medio de mi tormenta, una simple petición se mostró como lo más sabio que hice en toda la semana.

Cuando enfrentas una situación que parece no tener esperanza, pide sabiduría al Señor, porque Él está más que dispuesto a entregártela para superar tus barreras con eficacia.

VERDADERA SABIDURÍA

En los dos capítulos previos establecimos el primer pilar en nuestra búsqueda para romper las barreras y llegar a ser todo lo que estamos destinados a ser. El primer pilar es la creación de un corazón consagrado, lleno de virtud y decoro. En esencia, edificar el primer pilar significa ver el corazón de Dios y dar pasos para hacerlo nuestro. Esto nos da la brújula moral que necesitamos cuando surgen las barreras y la adversidad. Una vez que asumimos el carácter de Dios, comenzamos a fundar el segundo pilar: la sabiduría del Hijo.

La sabiduría puede definirse de varias maneras. Es la acumulación de conocimiento lograda a través de la experiencia. Es común definirla como el conocimiento y la experiencia necesarios para tomar decisiones y hacer juicios sensatos. Es la sensatez demostrada por las decisiones y juicios que hacemos.

Muchas personas alrededor del mundo utilizan el sentido común y hacen juicios sensatos. La sabiduría se puede ver en cada ley, religión y norma social. Nuestros padres la tienen. Nuestros abuelos la tienen. Nuestra maestra de segundo grado la tiene. ¿Entonces, qué distingue la sabiduría y el sentido común de la sabiduría de Dios? La sabiduría de Dios está un peldaño más arriba que todas las otras formas de sentido común y sabiduría.

El Señor declara en Isaías 55.8: «Porque mis pensamientos no son los de ustedes, ni sus caminos son los míos —afirma el Señor» (NVI). ¿Qué ubica Su sabiduría a kilómetros de la nuestra? Él es el Diseñador del universo y conoce los recovecos de cada átomo, de cada molécula, de cada célula, de cada organismo. Él es el autor del código genético, hace las reglas y, lo más importante, es el Diseñador de toda sabiduría. La sabiduría divina nos da la habilidad de tomar decisiones y hacer juicios sensatos basados en Su perspectiva. En esencia, nos da la habilidad para ver el mundo desde una perspectiva celestial. La sabiduría divina nos da lo que necesitamos para tomar decisiones y hacer juicios, aunque no tengan mucho sentido para nosotros.

¿Por qué es tan importante la sabiduría divina? Algunos podrían decir: «¿No es suficiente el sentido común? ¿No basta el razonamiento ordinario?» La respuesta es sí, si quieres ser común, ordinario y mediocre. Para romper las barreras, superar la adversidad y alcanzar nuestro máximo potencial, debemos ver los obstáculos desde una perspectiva divina.

Dios se define, de preferencia, por dos adjetivos poderosos. Primero, es *omnipotente*. Esto significa que posee poder y autoridad ilimitados. Él ordena, hace las reglas y no está sujeto a nadie. Cuando Él decide que algo tendrá cierto resultado, no existe nada alternativo. Es algo que Él ve y conoce antes de que siquiera ocurra.

Segundo, Dios es *omnipresente*. Esto quiere decir que está allí en todo momento, incluso hace diez mil años atrás y lo estará en diez mil años más. Dios conoce el resultado y las consecuencias de cada decisión que se haya tomado, puede ver simultáneamente tanto la creación del mundo como su fin y está presente en cada microsegundo de ese transcurso.

Como puede ver todas las cosas en todo momento y en todo lugar, la perspectiva de Dios es equilibrada y verdadera, más allá de toda habilidad humana. La perspectiva de Dios es perfecta, invariable e infalible. Por consiguiente, si nos asociamos con Él, nos ofrece una gran fuente de perspicacia y poder de decisión.

Si queremos romper barreras ¿lo siguiente no es acaso aprovechar la gran sabiduría que Dios nos ofrece? Sólo entonces seremos capaces de alcanzar nuestro máximo potencial. Debido a Su omnipotencia y omnisciencia, Él ve las cosas desde todo punto de vista. En palabras sencillas, Él es dueño de toda perspectiva y esto es lo que distingue la sabiduría de Dios del sentido común.

SIN PUNTO DE REFERENCIA, SÓLO UN COMIENZO

En mi preparación para escribir este libro, escudriñé muchos textos de referencia tratando de encontrar un estándar para medir la sabiduría. Quería encontrar una prueba de medición que me ayudara a comprender mis fortalezas y debilidades. Para mi desgracia, hice un descubrimiento asombroso. A diferencia de los exámenes para medir el coeficiente intelectual (CI), que se encuentran a la vuelta de la esquina, no existen exámenes de sabiduría. No hay estándares ni puntos de referencia. ¿Por qué esto es así? A diferencia del CI, la sabiduría abarca no sólo el conocimiento, sino también el juicio, y el buen juicio es muy difícil de medir.

Muchos de nosotros estamos cautivos detrás de barreras no por falta de conocimiento, sino por un juicio deficiente. En este mundo existen muchas personas que son buenas. Sin embargo, pocas son buenas y sabias. Son también escasas las que comprenden la gran importancia de la sabiduría y el rol que debe cumplir si queremos romper las barreras que nos estorban. Así que, ¿por dónde comenzamos?

Nuestro punto de partida debe ser lo que la Biblia llama «el principio de la sabiduría». El salmo 111.10 dice: «El principio de la sabiduría es el temor del SEÑOR, buen juicio demuestran quienes cumplen sus preceptos. ¡Su alabanza permanece para siempre!» (NVI). La palabra *temor*, en este contexto, no significa paranoia, ansiedad, terror o pánico. Más bien, equivale a respeto o temor reverente a alguien o algo. En otras palabras, el respeto por el Señor y la apreciación de su omnipotencia son el punto de partida para la adquisición de Su sabiduría.

Dios nos ideó de forma que aprendamos de las cosas y personas que más respetamos. Recibimos conocimiento de aquellos que más respetamos y admiramos. Si tenemos un respeto reverente por Dios, aprenderemos de Él y adquiriremos Su sabiduría.

EL FACTOR TEMOR

Hubo una época de mi vida en que buscaba una iglesia desesperadamente. El temor había llenado mi corazón y había aumentado en un par de días. Por primera vez sufría una abrumadora inseguridad por mi destino espiritual y respecto a la eternidad, pues no tenía idea si iba al cielo o al infierno.

En ese momento tenía diez años de edad. La mayoría de mis experiencias de iglesia habían sido en un idioma extranjero: el árabe. Mi abuela me llevaba a misa a una iglesia al norte de Hollywood, llena de inmigrantes libaneses. Debido a las barreras idiomáticas, sabía muy poco de las cosas espirituales y era bíblicamente ignorante.

Por alguna razón, las preguntas sobre el cielo y el infierno comenzaron a atormentar mi mente. Quizás fue una película que vi o una conversación de paso que escuché. De todos modos, temía que iba rumbo al infierno. Sin importar lo que hiciera para distraerme, la ansiedad aumentó, lo que representaba un sentimiento abrumador para un niño de diez años.

El sábado, poco después de que comenzó mi ansiedad, le dije a mi mamá que debía ir a una iglesia con urgencia. Le expliqué mi temor al infierno y cómo necesitaba conectarme con Dios para evitar el abismo negro que se traga a los niños de diez años.

Mi mamá no asistía a la iglesia pero me tuvo lástima. Llamamos a nuestros vecinos que iban, puntualmente, a cada reunión los sábados por la noche. Les pregunté si podía ir con ellos ese mismo sábado, a lo que asintieron amablemente.

Siete de nosotros subimos a un auto tan grande que podría haber sido el mellizo del *Titanic*. El Oldsmobile año 1970 era un buen transporte para mí, pues lo único que quería era llegar de una vez y aclarar cualquier diferencia que yo pudiera tener con Aquel que tiene las llaves de los Portales de Perla.

Cuando entramos a la majestuosa iglesia católico romana, el esplendor y la hermosa decoración me impresionaron. La mayor impresión de esta experiencia de cincuenta y cinco minutos fue, sin embargo, un sobrecogedor sentimiento en el sentido de que estaba seguro, protegido y en un buen lugar.

Recuerdo haberme arrodillado con quinientos feligreses más y haber repetido oraciones que resonaron por primera vez en mi corazón. Pensé: *El cielo es un lugar bueno y seguro. Todo lo que debo hacer es asegurarme de estar en buena con el Hombre Grande de arriba y todo va a estar bien.* Mi temeroso respeto al Señor se tradujo en el primer paso sabio de este caminar espiritual. Arrodillado en la iglesia, le pedí al Señor que me perdonara por cualquier pecado que hubiera cometido contra Él y experimenté paz.

Por cierto, todo iba a estar bien. Esa experiencia fue el comienzo de la sabiduría divina para mí. Viví lo que significa temer al Señor. Me di cuenta de que trataba con Dios Todopoderoso y que necesitaba alinear mi voluntad con la de Él. Si un gorila de ochocientas libras puede sentarse donde quiere, entonces el Todopoderoso puede hacer lo que Él quiere, cuando y donde le place. Y la sabiduría comenzó cuando cedí mi voluntad a la de Él.

Jesús dice en Mateo 10.28: «No teman a los que matan el cuerpo pero no pueden matar el alma, teman más bien al que puede destruir alma y cuerpo en el infierno» (NVI). Esa noche reconocí que necesitaba aliarme con Aquel que tenía el poder sobre todo quien pudiera entrar al cielo o al infierno. Fue una experiencia profundamente impactante que dura hasta hoy.

Mi respeto por el Señor sólo ha aumentado a través de los años. Mi reverencia hacia Él ha crecido también. Como resultado, ya no me preocupo de ir al infierno. Ya no tengo ansiedad acerca de mi destino espiritual eterno. La sabiduría nació en mi vida debido a mi temor y respeto por el Señor.

R-E-S-P-E-T-O

¿Cómo puedes construir respeto hacia el Señor? Puedes comenzar por contemplar Su omnipotencia y omnipresencia. Piensa en Su poder y grandeza. Medita en Su soberanía y lo asombroso de Su creación.

En 1999, mi familia fue al Gran Cañón del río Colorado. Al acercar nuestro auto a un claro entre los árboles, nuestra vista del abismo más grande en los Estados Unidos fue sobrecogedora, por decir lo menos. Cuando nos paramos al borde y miramos a través del primer segmento del enorme cañón, me di cuenta de que «cañón» es un término que queda corto para presentarlo. No existe palabra que describa adecuadamente la inmensidad del Gran Cañón.

Hay 1.609 metros desde la cima de la quebrada al lecho del río. En algunos puntos, mide más de 20 Km. de ancho. Tiene en total más de 1.2 millones de acres o 1.904 millas cuadradas. Dentro de sus paredes, el río se extiende más de 277 millas. Un viaje por el Gran Cañón en balsa puede demorar dos semanas o más.

En verdad era una vista sobrecogedora. Bueno, el Señor del Universo no solo creó el Gran Cañón sino también el mundo entero, en un día. Contemple Su creación, Su grandeza, Su poder. Contempla que está en todas partes en todo momento y desarrollarás un nuevo respeto por Él.

PERSONAS Y PROVERBIOS

Una vez que hayas colocado un fundamento de respeto por el Señor, vendrá la sabiduría. Pero preguntarás: «¿Cómo crezco en sabiduría divina en mi vida?» Existen dos elementos importantes que son necesarios para crecer en la sabiduría del Señor: personas y Proverbios. El pasar tiempo con personas que demuestran sabiduría divina afecta nuestras vidas en forma poderosa.

Siempre que estén abiertos nuestros corazones, no podemos sino ser influidos por su ejemplo. Es más, estudiar los Proverbios con regularidad nos guía bíblicamente para que no seamos influenciados por los vientos que podrían desviarnos del camino. Tanto las personas como los Proverbios juegan un papel importante en el proceso de romper barreras, superar la adversidad y alcanzar nuestro máximo potencial. Primero, reconozcamos la importancia de asociarnos con personas que buscan la sabiduría divina.

Rodearnos con personas que demuestran la sabiduría del Señor nos ayuda a crecer en la sabiduría divina. «Dime con quien andas y te diré quien eres» es una expresión común, que implica que llegamos a parecernos a aquellos con quienes pasamos mucho tiempo. Esto ocurre para bien y para mal.

Si andamos con personas que son racistas, es posible que comencemos a reflejar esos valores. Si pasamos demasiado tiempo con aquellos que luchan con una adicción, también podría empezar a desarrollarse una lucha en nuestras vidas. De la misma manera, si pasamos tiempo con aquellos que hacen el bien, nosotros también comenzaremos a hacer el bien a otros. Los valores de aquellos con quienes pasamos tiempo tienen un efecto en nuestras vidas.

Lo mismo ocurre con respecto a la sabiduría. Si andamos con aquellos que son sabios y ven las cosas desde la perspectiva de Dios, pronto aprenderemos a crecer en la sabiduría divina que ellos han aprendido. Proverbios 13.20 dice: «El que con sabios anda, sabio se vuelve; el que con necios se junta, saldrá mal parado» (NVI). Al comenzar a buscar la sabiduría de Cristo, debemos rodearnos con personas que valoran y persiguen la sabiduría de Dios. Entonces tomaremos decisiones como lo hacen ellos, decisiones *sabias*.

Piensa en las personas con quienes pasas más tiempo. ¿Quiénes son? ¿Estas personas reflejan el tipo de persona que quieres llegar a ser? ¿Te edifican? ¿Te levantan o te tiran abajo?

Esto es lo que dice la Biblia:

No formen yunta con los incrédulos. ¿Qué tienen en común la justicia y la maldad? O ¿Qué comunión puede tener la luz con las tinieblas? (2 Corintios 6.14 NVI).

Confiésense unos a otros sus pecados y oren unos por otros, para que sean sanados. La oración del justo es poderosa y eficaz (Santiago 5.16 NVI).

Vivan en armonía los unos con los otros; compartan penas y alegrías, practiquen el amor fraternal, sean compasivos y humildes (1 Pedro 3.8).

No se olviden de hacer el bien y de compartir con otros lo que tienen, porque ésos son los sacrificios que agradan a Dios. Obedezcan a sus dirigentes y sométanse a ellos, pues cuidan de ustedes como quienes tienen que dar cuentas. Obedézcanlos a fin de que cumplan su tarea con alegría y sin quejarse, pues el quejarse no les trae ningún provecho» (Hebreos 13.16-17 NVI).

Al escoger las personas con quienes nos rodeamos, debemos mirar más allá de los adornos superficiales que nos atraen a ellos por las razones equivocadas. En vez de eso, debemos examinar sus acciones, reputación y valores. Debemos poner atención en cómo son considerados y si son respetados.

Deberíamos preguntar si son candidatos apropiados para modelar la sabiduría divina. Las personas con quienes escogemos pasar mucho tiempo y a quienes miramos con admiración y respeto, pueden ejercer un gran impacto en si llegamos a ser personas rectas o no. Por esta razón, es esencial medirlos con precisión y escoger los amigos con cuidado.

PODRÍA HABER SIDO YO

La primera noche de mi primera cruzada fue traumática, por decir lo menos. Se realizó en una comunidad marginal y más del cincuenta por ciento de los asistentes eran miembros de pandillas. Cerca de seiscientas personas llenaron el pequeño sitio, ubicado en el corazón mismo del tráfico de drogas del pueblo.

Diez minutos después de que comenzó el programa, unos pocos miembros de la pandilla comenzaron a tirar trozos de concreto que rebotaban sobre nuestro escenario de aluminio. Empezaron varias peleas y cuando llamamos a la policía, dijeron que no podían venir hasta la tarde siguiente. Sabíamos que estábamos solos.

A la tercera noche, el peligro había aumentado. Un oficial de policía encubierto arrestó a un traficante de drogas que trataba de venderle cocaína. Cuando el hombre se resistió al arresto, otros dos policías encubiertos salieron de la nada y lo abatieron en el suelo con linchacos. Su cara estaba cubierta de sangre cuando lo lanzaron en la parte de atrás de la patrulla y lo llevaron a la cárcel.

Durante la cuarta y última noche, comenzó otra pelea. Un joven le pegó con un fierro a alguien de una pandilla enemiga. El golpe en la frente fue de tal violencia que casi le partió el cráneo. La víctima cayó al suelo. Muchos se lanzaron unos sobre otros, pero el individuo herido junto con su pandilla no podían competir ante la presencia abrumadora de la otra banda de matones.

Varios se juntaron alrededor de su camarada herido y lo sacaron del sitio mientras los demás huían. Le explicaron lo que había ocurrido al resto de la pandilla que resultó estar a varias cuadras, frente a un bar. Dentro de minutos volvieron, en número mayor.

Nunca olvidaré la escena que se desató ante mis ojos. Quince hombres entraron al sitio, dirigidos por los cinco traficantes de droga más temidos en esa comunidad. Eran cinco líderes del crimen organizado en la región. Cuando sus pies tocaron el sitio, era cómo poner una gota de jabón líquido en una olla llena de agua grasosa. Todos se dispersaron. Por primera vez en mi vida, vi a una muchedumbre moverse para abrir espacio a cinco hombres.

Ellos comenzaron a recorrer el sitio con la vista buscando al joven que tenía el fierro. No sabían que había desaparecido. Pero siguieron buscándolo en el gentío de seiscientas personas. Al final del servicio me confesaron que habían tramado destruir nuestra campaña y también dañarme. Sin embargo, algo ocurrió que evitó su plan maligno. Uno de los acomodadores se acercó a uno de ellos y comenzó a confrontarlos con su estilo de vida de crimen y delincuencia. Cuando terminamos el servicio, todos hicieron una oración simple pidiéndole al Señor que los perdonara por sus maldades.

Uno regresó a casa con una semilla de cambio en su corazón. Su nombre era Miguel. Me confesó que había sido uno de los que lanzaron los grandes trozos de concreto la primera noche, lo que casi arruinó nuestro evento.

Muchas vidas fueron tocadas y transformadas en esa oportunidad. Cientos de personas fueron cambiadas por toda la eternidad. Pero no sé cuántos experimentaron la transformación radical que le pasó a Miguel, quien ni siquiera intuía que durante el curso de los próximos años, su vida nunca sería la misma.

Miguel vivía en un hogar lleno de conflictos, violencia y hostilidad. Era una vivienda humilde, ubicada en el corazón de la comunidad, a varias cuadras del lugar donde realizamos nuestra primera cruzada. En un pueblo donde el ingreso promedio era menos de cien dólares al mes, su familia no estaba exenta de dificultades financieras. La pequeña estructura que les daba techo servía de hogar a seis personas.

La disfunción familiar caracterizaba la vida hogareña de Miguel. Su padre era alcohólico y abusaba físicamente de su madre. Varios de sus hermanos habían sido encarcelados y el mayor de ellos había luchado con las drogas.

Una noche, cuando Miguel era más joven, su padre llegó a casa completamente borracho. Varios vecinos oyeron los gritos cuando obligó a salir a su esposa y a su hijo a la calle a punta de cuchillo. Estaban angustiados por haber sido arrancados de sus camas y tirados a la calle a medianoche. Se sentaron en la cuneta fuera de la casa completamente humillados, hasta que un vecino los albergó por esa noche.

El patrón destructivo de abuso era de ocurrencia regular en su casa. Cada noche, cuando el papá de Miguel llegaba, se preguntaban acerca de la próxima pesadilla que iba a desatarse, en un lugar donde la locura crecía con el tiempo.

El alcoholismo es una fuerza negativa que no sólo afecta a los que beben, sino también a todos los miembros del hogar. Las consecuencias pueden ser desmoralizadoras, devastadoras y aun fatales.

En una ocasión, sus padres tuvieron una terrible discusión. El padre golpeó a la mamá de Miguel con tal fuerza que le produjo un aneurisma en su cerebro y la dejó inconsciente. La llevaron de urgencia al hospital, pero había poca esperanza. Los facultativos realizaron una junta médica y por fin decidieron operarla. Tanto Miguel como su padre se sentaron en la sala de espera, aguardando alguna buena noticia.

Para su desilusión, no hubo tal. El cirujano jefe entró al área de espera y dijo: «Lo siento, pero su esposa no va a sobrevivir. En el mejor de los casos, va a quedar en estado vegetativo. Recomendamos que se la lleven a casa los próximos días, para que pueda morir allí. Será lo mejor para ella». Miguel y su padre se sintieron completamente destruidos. La noticia era devastadora. Por supuesto, el padre de Miguel se sintió en extremo culpable por las consecuencias de su alcoholismo.

La llevaron a casa, con la cabeza rapada, la piel pálida y el cuerpo muy débil. Sus esperanzas eran mínimas. La acostaron en su cama y esperaron. Pasó una semana, pero su condición casi no cambió. Sin embargo, por alguna razón Dios perdonó su vida y comenzó a entrar y salir de breves estados de consciencia. Al cabo de unas semanas de su vuelta a casa, alguien llamó a la puerta con un folleto que anunciaba una cruzada que venía al barrio. En la parte superior del folleto se leía: «Hay esperanza en Jesús». Reuniendo las fuerzas suficientes para mirar a los ojos de Miguel, ella dijo: «Llévame a la cruzada de mi hermano Jason». ¿Cómo podían decirle que no? ¿Cómo podían negárselo? Su esposo se sentía culpable y estaba dispuesto a hacer cualquier cosa por ella.

Finalmente, llegó la última noche de la cruzada. El momento anticipado de su encuentro con Dios se produjo un sábado por la noche. La llevaron en vehículo a la tienda ubicada en una gran cancha de fútbol de la comunidad. De alguna forma aguantó la música fuerte, el frío y la incomodidad. En aquellos días, no teníamos control del gentío, no había sillas, ni pasillos, sólo una muchedumbre de cinco mil personas paradas por tres horas. Pero ella no estaba allí por la música ni por un buen lugar para sentarse. Vino para pedir oración.

Cuando extendí la invitación, sus seres queridos la escoltaron adelante. En ese momento yo no conocía los detalles de su condición. Sólo supe por las señales de los que la rodeaban que ella necesitaba un milagro. Según su testimonio, después de orar esa noche, Dios la tocó.

Dijo que se sintió mejor casi instantáneamente. Al terminar la tarde, pudo caminar la distancia de vuelta a su hogar que era más de un kilómetro. Dios *sí* la había tocado. De verdad había experimentado un milagro. Hasta el día de hoy, los médicos están perplejos. No había otra explicación lógica para su recuperación; simplemente fue un milagro.

Y no fue la única en experimentar un milagro esa noche. Su familia también lo hizo, y como resultado hubo un cambio radical desde un comportamiento destructivo a otro constructivo. Miguel y su madre comenzaron a asistir a la iglesia, y su padre también comenzó a ir e incluso empezó a asistir a las reuniones de Alcohólicos Anónimos.

En vez de pasar tiempo con aquellos que proponían la destrucción, la violencia y el abuso, Miguel comenzó a ser amigo de aquellos que eran sabios. Se separó de la insensatez y necedad de aquellos que viven estilos de vida destructivos y delictuales. Sus nuevos amigos le ayudaron a construir patrones nuevos y sanos. Le ayudaron a alejarse de los comportamientos destructivos.

Tres años después de la sanidad de su madre, Miguel vino a ofrecerse para otra campaña. Ayudó a instalar las luces y el sonido en el escenario. Se encargó de los focos cada noche. El coordinador de la logística de mi cruzada quedó impresionado y le pidió que viajara con nosotros en nuestra gira por la nación. Dentro de un año, estaba trabajando a tiempo completo para nosotros, colocando la misma plataforma que había tratado de destruir hacía varios años. Luego estuvo a cargo de muchas de las logísticas de cruzadas que alcanzaban a decenas de miles de personas mensualmente.

Nuestro equipo se comprometió con su vida. Lo discipulamos, le ayudamos a ver las cosas desde la perspectiva de Dios y le enseñamos que con la sabiduría divina podía superar cualquier obstáculo y romper cualquier barrera en su camino. Yo le aconsejé personalmente en muchas ocasiones y él escuchó e hizo caso de nuestros consejos.

Un día entró a mi oficina. Se veía blanco como un fantasma al decir: «Necesito hablar con usted». Dijo: «Cuando iba a trabajar hoy pasé por un sitio baldío. Descubrí dos pies descalzos que salían de la tierra. Llamé a la policía y vinieron a investigar».

Continuó. «Destaparon el cuerpo de uno de los miembros de la pandilla que conocí cuando era más joven. Era alguien con quien yo compartía. Estaba enterrado boca abajo y sin ropa. Obviamente, este fue un ajuste de cuentas por drogas. Tengo una idea de quien lo hizo». Aunque el hecho era alarmante, no era lo que le preocupaba.

Hizo una pausa por un segundo y explicó lo que le perturbaba. Mirando al piso de mi oficina dijo: «Pude haber sido yo. Si no hubiera sido por los cambios que Dios ha hecho en mi vida, podría ser yo el enterrado en ese sitio». La cruda realidad lo miró fijo a la cara. Podía ver cómo las elecciones que había hecho basadas en la sabiduría divina no sólo lo encaminaron por un camino diferente, sino que también le salvaron la vida.

Cada uno de nosotros probablemente podríamos hacer la pregunta: ¿Cuán drásticamente diferente sería mi vida si no fuera por los cambios que Dios ha hecho en mí? ¿Qué hay de tu vida, amigo? ¿Es diferente tu vida debido a las elecciones santas que has hecho? ¿Le has dado a Dios la libertad para obrar en tu vida?

Miguel tenía razón. Si él no hubiera experimentado el poder transformador de Cristo, podría haber terminado como el miembro de la pandilla enterrado desnudo, con sus pies sobresaliendo del suelo, como las margaritas en un sitio de tierra. Pero tomó decisiones sabias a pesar de su complejo pasado. Escogió pasar tiempo con las personas en su iglesia. Escuchó a su pastor, a mí y a aquellos con quienes trabajó en el ministerio. Le obedeció a la sabiduría divina y eso hizo la diferencia crucial en su vida. Pregúntate cuál preferirías ser: aquel que escogió el sendero de Dios o el que escogió el camino propio.

Sí, Miguel experimentó el perdón de Dios. Sí, experimentó milagros. Sí, tuvo un cambio de corazón. Sin embargo, muchas personas experimentan un cambio de corazón pero no superan sus obstáculos. Muchas personas llegan a ser buenas, pero nunca pueden liberarse de las cadenas que le estorban. Nunca obtienen la victoria en sus batallas. Nunca rompen las barreras. Parecen mantenerse siempre apresados por los mismos patrones frustrantes. ¿Por qué? Porque les falta el corazón santo, combinado con la sabiduría divina.

Basados en los principios de la sabiduría de Dios, Miguel comenzó a construir una vida de principios sanos y decentes, con lo que rompió barreras que pocas personas en su pueblo natal han podido superar jamás. Comenzó a hacer elecciones sabias, basadas en la sabiduría aprendida de personas devotas.

Hoy, él y su familia siguen activamente el plan divino para sus vidas. Se han acompañado de Dios para romper los patrones de autodestrucción y las barreras que los mantenían presos. Su victoria se debe a las elecciones sabias que han hecho. El padre de Miguel sigue asistiendo a las reuniones de Alcohólicos Anónimos. Su madre sigue asistiendo a la iglesia y criando a sus hijos en la sabiduría del Señor. Miguel sigue pasando tiempo con aquellos que demuestran sabiduría divina. El antiguo proverbio tiene razón: Dime con quién andas y te diré quién eres. Rodéate de personas sabias. Escoge amigos santos que te animarán a ser sabio y tomar decisiones santas.

LOS PROVERBIOS

La segunda práctica para ganar la sabiduría de Cristo proviene de su fuente escrita, la Biblia. Los Proverbios del Antiguo Testamento son una de las mejores fuentes de sabiduría divina que poseemos. El rey Salomón escribió el libro de Proverbios y es considerado como uno de los hombres más sabios de la historia.

Después de haber heredado el trono de su padre, Salomón recibió una propuesta especial de Dios. El Señor le ofreció lo que quisiera en su corazón. Era una oferta única. Nota como Salomón respondió. En vez de hacer una lista de riquezas, gloria, fama y posesiones, dijo: «Yo te pido sabiduría y conocimiento para gobernar a este gran pueblo tuyo; de lo contrario, ¿quién podrá gobernarlo?» (2 Crónicas 1.10 NVI). ¡Imagínense eso! De todas las cosas que Salomón podría haber pedido que el Señor le concediera, optó por la sabiduría. La mayoría de las personas habrían pedido, por lo menos, la mitad en riquezas.

El Señor, impresionado con la repuesta de Salomón, dijo: «Te los otorgo. Pero además voy a darte riquezas, bienes y esplendor, como nunca los tuvieron los reyes que te precedieron ni los tendrán los que habrán de sucederte» (2 Crónicas 1.12 NVI).

Salomón era el hijo del rey David. Su madre fue Betsabé. Se crió en el palacio, acostumbrado a la riqueza, al poder político y a la fama. Una vez que llegó a ser rey, tuvo la oportunidad de adquirir lo que su corazón quería. Todo estaba a su disposición. Es más, Dios le ofrecía algo extraordinario. Podía haber sido el hombre más rico y poderoso en toda la historia.

Al escoger no pedirle al Señor ninguna de esas cosas, demostró que era digno de manejarlas. En vez de decir: «Dios, dame grandeza», dijo: «Dame sabiduría y conocimiento». Su oración reflejó el antiguo proverbio que dice: «Dale a un hombre un pescado y se alimentará por un día. Enséñale a pescar y lo alimentarás por el resto de su vida». En vez de orar diciendo, «Ayúdame a romper una barrera hoy», oró «Señor, enséñame a romper cada barrera por el resto de mi vida».

La petición de Salomón fue brillante. Sabía que si le pedía al Señor sabiduría y conocimiento, todos los otros asuntos tales como riqueza, honor, salud y seguridad llegarían por sí solos.

LA MEJOR RECETA

Si yo fuera un médico, te recetaría una dosis sana de sabiduría divina cada día. Ya que no soy médico, te animo a tomar el tiempo necesario para estudiar la Biblia y específicamente el libro de Proverbios, todos los días. Está repleto de la sabiduría y los valores de Dios. Te entregará las llaves para abrir la puerta del conocimiento, la vida, la visión, la perspectiva y la sabiduría divinos. Te entregará las herramientas necesarias para romper cualquier barrera, superar cualquiera adversidad y alcanzar tu máximo potencial. En resumen, tu habilidad para romper barreras llegará a ser más eficiente y provechosa en la medida que obtengas la perspectiva de Dios por medio de la sabiduría.

Hay treinta y un capítulos en el libro de Proverbios, uno por cada día del mes. En una hoja de papel, escribe las cosas más destacadas que descubras al leer cada capítulo. Pasa diez minutos al día estudiando cada uno. Después de la primera semana, agrega un capítulo de los Salmos. Después de otra semana agrega tres capítulos de cualquier otro libro de la Biblia y sigue leyendo el libro hasta que lo termines. Al hacer esto, leerás un total de cinco capítulos al día (uno de Proverbios, uno de Salmos y tres de otro libro). Tu tiempo total de lectura no debería ser más de treinta minutos.

Puede que no parezca mucho al principio. Sin embargo, estudiar la Biblia a este paso te permitirá leer el libro de Proverbios cada mes y los Salmos dos veces al año, además de la Biblia completa. Después de un mes notarás una diferencia significativa en tu perspectiva y habilidad de confrontar los asuntos en tu vida. Te darás cuenta de que existe una diferencia notoria entre quien eras y quien eres ahora. Después de seis meses, la diferencia será mayor. Después de un año, será como entre la noche y el día.

Una vez que hayas establecido un sano hábito de leer la Palabra de Dios y crecer en Su sabiduría, agrega discos compactos u otros libros que se refieran a desafíos específicos que estás enfrentando, tales como finanzas, salud, familia o relaciones. Dios te ayudará a lograr perspectiva al estudiar Su Palabra, y te apoyará para que puedas superar las barreras específicas. Ocupa los valores bosquejados en la Biblia como el estándar por el cual juzgas toda otra forma de influencia y dirección. Siempre recuerda la importancia de usar la Palabra como una línea de base para valores, ética y punto de vista santos.

Por ejemplo, si quieres romper una barrera financiera infranqueable, no escojas un libro sobre cómo enriquecerse rápidamente para resolver tus problemas de dinero. Eso estaría en directa oposición al consejo que encontramos en Proverbios. Busca una guía congruente con los valores bosquejados en la Biblia. Como regla, siempre uso la Biblia como punto de referencia para los valores que deseo incorporar a mi conducta y para ayudarme a romper las barreras que enfrento.

CINCO FORMAS SIMPLES
DE LLEGAR A SER SABIO

En la Biblia existen grandes lecciones acerca de cómo llegar a ser sabio. Dios las colocó allí para que tú y yo podamos vivir vidas significativas y positivas. Si vivimos nuestras vidas según Su dirección, inevitablemente superaremos las barreras que nos impiden alcanzar nuestro máximo potencial. En las siguientes páginas hay una lista de cinco formas sencillas para llegar a ser sabio.

1. Teme al Señor

Como mencioné antes en este capítulo, «El temor del Señor es el principio de la sabiduría» (Salmo 111.10 nvi). Este concepto es tan importante para establecer el segundo pilar, que vale la pena volver a revisarlo. En Proverbios 1, Salomón sostiene que para alcanzar la sabiduría, para entender y vivir una vida prudente, debemos temer al Señor. Salomón consideraba el temor como un precursor del desarrollo de la sabiduría divina. Aquellos que temen al Señor respetan Su dirección y guía. Hacen caso a sus consejos. Y debido a ese respeto, no se embrollan en los incontables e innecesarios desvíos sin sentido que tiene la vida. No son distraídos por las tentaciones que buscan alejarlos de la sabiduría y sacarlos de la tarea de romper barreras. En vez de eso, siguen los consejos y las pautas establecidos por Dios porque lo respetan con temor.

A veces la sabiduría divina parece contradecirse con la sabiduría convencional. De todos los hijos de José, el Señor escogió al más pequeño, joven y aparentemente menos indicado para reinar sobre Israel. David no sobresalía en el gentío. No impresionaba a nadie con su estatura, pero una cosa es cierta, temía al Señor (ver 1 Crónicas 16.25; 1 Samuel 26.7-11). Y por eso Dios lo escogió como rey.

Si temes al Señor, estarás conectado a la sabiduría de Dios y esto será el fruto que te ayudará a vivir una vida de rectitud, justicia e imparcialidad. Para expresarlo con sencillez ¡serás bendecido! Los necios, por otra parte, no tienen respeto por Dios. Al contrario, son atrapados en las garras de los patrones pecaminosos de la autodestrucción e incitan a otros a alejarse de la bondad y la vida sana.

¡El Señor promete que si tú demuestras un respeto santo hacia Él, Su sabiduría y bendiciones te seguirán todos los días de tu vida y alcanzarán aun hasta tus hijos y los hijos de tus hijos! (ver Salmo 128.1-6)

2. No seas orgulloso

Me gusta como lo expresa *La Nueva Versión Internacional*: «Al orgullo le sigue la destrucción; a la altanería, el fracaso» (Proverbios 16.18). El orgullo es probablemente el mayor factor que les impide a las personas romper sus barreras. Hablando en general, las personas son testarudas y no les gusta recibir corrección. Esa es precisamente la razón por la cual quedan pegadas donde están. Dicho sencillamente, el orgullo impide a las personas salir de su propio camino.

Tengo un amigo que pastorea una de las iglesias más grandes de Centroamérica. Tiene un proverbio especial para todas las personas orgullosas, engreídas que rehúsan escuchar los consejos santos. Dice: «El orgullo es como el mal aliento. Todos saben que lo tienes, excepto tú».

En respuesta a la tozudez y orgullo, Salomón escribió: «Respondan a mis represiones, y yo les abriré mi corazón; les daré a conocer mis pensamientos. Como ustedes no me atendieron cuando los llamé, ni me hicieron caso cuando les tendí la mano, sino que rechazaron todos mis consejos y no acataron mis represiones, ahora yo me burlaré de ustedes, cuando caigan en desgracia. Yo seré el que se ría de ustedes cuando les sobrevenga el miedo» (Proverbios 1.23-26 NVI). La sabiduría del Señor les habría socorrido si no hubiera sido por su orgullo.

Si deseas romper las barreras y llegar a ser todo lo que Dios te ha destinado a ser, despréndete de tu orgullo. No te aferres a él, porque te ciega y te mantiene allí donde estás. El orgullo es la antítesis del segundo pilar.

3. Obedece a aquellos en autoridad

Cuando te sometes a aquellos en autoridad y obedeces las leyes del país, evitas pagar multas y penalidades, recibir reprimendas y reproches y ser llevado a la cárcel. Las personas sabias saben que la ley funciona para protegernos del daño y el dolor. Aquellos que sirven en autoridad lo hacen para nuestro beneficio. Al acatar su dirección, nos libramos de la pena y la frustración de pagar el precio de quebrantar la ley.

Algunas personas sostienen que muchos en autoridad son corruptos y malos. Eso puede suceder. Hay ejemplos a través de la historia del abuso de poder. Sin embargo, Pablo vivía en una sociedad llena de corrupción, pero afirma fuertemente en la Biblia que «todos deben someterse a las autoridades públicas, pues no hay autoridad que Dios no haya dispuesto, así que las que existen fueron establecidas por Él» (Romanos 13.1 nvi).

Mis viajes me han llevado a varios países donde los gobiernos mantienen una mirada atenta a su pueblo. Es exacto decir que gobiernan con puño de hierro. He aprendido que si me porto bien, la puerta estará abierta para que vuelva. Si obedezco a los gobernantes y aquellos en autoridad, existen altas probabilidades que no seré encarcelado —aun en países donde el gobierno es corrupto. Por otra parte, he visto a personas que creen que están por sobre el sistema. Viven la vida sin respeto alguno por la ley o por aquellos en autoridad. Tarde o temprano, cosechan lo que han sembrado y pagan un precio caro por su arrogancia.

Imaginen qué tipo de mundo tendríamos si todos obedecieran las leyes del país y las autoridades que les sirven. ¿Cómo impactaría eso el número de accidentes en nuestros caminos? ¿Cómo afectaría el porcentaje de niños que llegan a ser adictos a las drogas? ¿Cuántas vidas se librarían de crímenes violentos?

Según Pablo, cuando obedecemos a los que están en autoridad, nuestras vidas serán bendecidas. Ganaremos gracia y favor. Superaremos los desafíos de la vida.

4. Comprométete a leer y estudiar las Escrituras

Cuando estuve en la escuela primaria, no leía muy bien. Siempre iba detrás del resto de la clase. Finalmente, mi profesora me envió a un «laboratorio de lectura», un bungalow lleno de equipos sofisticados para ayudar a los alumnos a mejorar sus habilidades de lectura. Cada miércoles, este niño de ocho años se dirigía humildemente a la sala provisoria y pasaba cuarenta y cinco dolorosos minutos mirando fijamente las palabras que se movían en un apuntador televisado. ¿Alguna vez te has sentido intelectualmente puesto a prueba? Yo sí, lo sentía cada miércoles.

Cuando cumplí quince años, entregué mi vida a Cristo. Como procedía de un hogar disfuncional, era como tener una segunda oportunidad. Pero aún me quedaban bastantes barreras y desafíos, para no mencionar una tonelada de traumas. Necesitaba la ayuda de Dios para superar muchas cosas en mi vida. Fue entonces que un amigo en mi grupo de jóvenes me desafió. Me dijo: «¡Si quieres que Dios te cambie y haga grandes cosas contigo, tienes que leer Su Palabra. Comprométete a estudiar las Escrituras!»

Así lo hice. Compré una traducción moderna de la Biblia y comencé a leer varios capítulos al día. Descubrí la riqueza del Antiguo Testamento, los matices de la teología de Pablo y el poder de un Dios que me amaba y quería liberarme.

Después de cuatro meses, noté que estaba leyendo mucho más rápido, cubriendo más material en menos tiempo y comprendiendo mucho mejor lo que leía. Pero algo más importante me estaba pasando. Las barreras, desafíos y cargas que acarreaba llegaron a ser manejables. La Palabra de Dios me dio fuerza, dirección y sabiduría. Por medio de la lectura y el estudio de la Biblia, comencé a renovar mi mente y reformar el disco duro en mi cabeza. La sabiduría de Dios comenzó a florecer en mi joven corazón adolescente.

Leer y estudiar las Escrituras cimentará el segundo pilar en tu vida. Nota lo que dice la Biblia acerca de la importancia de la Palabra de Dios: «Toda la Escritura es inspirada por Dios y útil para enseñar, para reprender, para corregir y para instruir en la justicia, a fin de que el siervo de Dios esté enteramente capacitado para toda buena obra» (2 Timoteo 3.16-17 NVI). Estudiar la Palabra de Dios nos conduce a una vida llena de bendición y sabiduría.

5. Confía en el Señor con todo tu corazón

Confiar en el Señor implica que tenemos fe en Él. Reconocemos que Él puede guiar nuestras vidas mejor que nosotros mismos. Le cedemos nuestra voluntad y le entregamos las riendas de nuestro corazón.

Si hay un versículo de la Escritura que resume el segundo pilar, es este: «Confía en el Señor de todo corazón y no en tu propia inteligencia» (Proverbios 3.5 NVI).

Hechos 8.26-39 relata una historia impactante acerca de

un hombre llamado Felipe. Estaba siendo usado en un poderoso avivamiento, cuando de pronto, un ángel del Señor apareció ante él y dijo: «Ponte en marcha hacia el sur, por el camino del desierto que baja de Jerusalén a Gaza» (v. 26). Nunca cuestionó por qué debía salir de la ciudad, lugar donde experimentaba muchos milagros. Nunca preguntó: «¿Por qué yo?» Confió en el Señor y no trató de hacer las cosas por su cuenta.

Aparcado a orilla del camino, vio un carruaje con un eunuco etíope sentado leyendo el rollo del profeta Isaías. El Espíritu le dijo: «Acércate y júntate a ese carro» (8.29). Nuevamente, no cuestionó la dirección del Señor. No dijo: «¿Qué es lo que me estás pidiendo? ¿Estás seguro de que sabes lo que haces?»

Felipe se acercó al carro y le preguntó al eunuco si entendía lo que estaba leyendo. El eunuco replicó: «¿Y cómo voy a entenderlo, si nadie me lo explica» (v. 31). Felipe bautizó al eunuco y de pronto el Espíritu del Señor lo sacó del lugar. El eunuco volvió a casa y proclamó el evangelio en su país.

A veces solo necesitamos confiar en el Señor y no descansar en nuestra propia comprensión; debemos soltarnos y dejar que Dios se haga cargo. Felipe pudo haber dicho: «Ufa, ¿cuál es tu plan, Señor? Esto no me parece lógico». En vez de eso, confió y como resultado, una nación fue alcanzada.

Cuando sientes que las barreras se amontonan a tu alrededor, cuando sientes que no hay esperanza para el mañana, cuando piensas que se han acabado todas tus opciones, cuando nada tiene sentido, confía en el Señor y no te apoyes en tu propio entendimiento. Él estará allí para ti. Dios te ayudará porque te ama. Esa es una de las cosas más sabias que puedes hacer.

Imagina tener la sabiduría para saber el momento preciso para renunciar a tu empleo y comenzar una nueva carrera. ¿No sería fabuloso saber cuándo comprar o vender tu casa o hacer cambios en tu expediente de jubilación? Imagina poseer la sabiduría santa para escoger el compañero o compañera correcta antes de comprometerte a pasar el resto de tu vida con esa persona. ¿No te gustaría tener la perspectiva de Dios para saber cuántos hijos deberías tener y cuándo tenerlos? Imagina cuán radicalmente distinta sería tu vida si alcanzas la sabiduría de Cristo. Poner en práctica estas cinco lecciones te servirá mucho en tu búsqueda de la sabiduría y la santidad.

La sabiduría santa está a un nivel superior a todas las otras formas de sentido común y sabiduría. Es la habilidad de adoptar decisiones basadas en la perspectiva de Dios y, en esencia, para ver el mundo desde una perspectiva celestial. Debido a la omnipotencia y omnipresencia de Dios, Él puede ver al mundo de todos los ángulos. Esto es lo que distingue la sabiduría de Dios del sentido común. Al ser acompañados por Él, ganamos Su perspectiva para superar las adversidades que enfrentamos.

El punto de partida para ganar sabiduría santa se encuentra en el Salmo 111: «El principio de la sabiduría es el temor del SEÑOR; buen juicio demuestran quienes cumplen sus preceptos» (v. 10). Al rendir respeto al Señor, nos abrimos a Su guía, enseñanza y perspectiva. Ganamos sabiduría santa rodeándonos de personas que la tienen. Luego, estudiamos los Proverbios todos los días.

En el siguiente capítulo, enfocaremos formas prácticas de desatar el poder de la sabiduría de Cristo en nuestra vida. Sin duda, al continuar en compañerismo con Dios, Él nos dará todo lo que sea necesario para superar los desafíos que enfrentamos. Al cerrar este capítulo, pidámosle al Señor Su divina dirección y guía para que nos ayude a romper las barreras que enfrentamos. Una vez más, te solicito que te unas a mí en una oración sencilla para rogarle a Dios que nos ayude a recibir perspectivas innovadoras para llegar a ser todo lo que estamos destinados a ser:

Señor, me doy cuenta que Tú eres omnipotente y omnipresente. Tu perspectiva es infinita. Tú eres el Creador de los cielos y la tierra. Tú eres todopoderoso, el Todopoderoso, el Principio y el Fin.

Perdóname por mi orgullo y por rehusar buscar tu dirección. No quiero ser una persona orgullosa. No quiero quedar entrampado en mis patrones destructivos. Quiero ser libre, libre para expresar el gran potencial que has destinado para mí.

No te pido riquezas, gloria, fama o poder político; te pido sabiduría. Ayúdame a llegar a ser una persona con un corazón santo, lleno de la sabiduría de Cristo.

Reconozco que solo no puedo romper las barreras. Necesito Tu ayuda. Necesito Tu sabiduría. Entrégame Tu perspicacia, perspectiva y comprensión. Ayúdame para que mi respeto por Ti crezca cada día. Dame la fuerza para leer Tu Palabra y absorber Tu corazón y Tu sabiduría. En el nombre de Cristo te lo pido. Amén.

CAPÍTULO 5

Derramando el poder de la sabiduría de Cristo en tu vida

E L RELATO DE Juan 8.2–11 ilustra el poder de la sabiduría de Cristo. Señala que la muchedumbre se había reunido muy temprano por la mañana, esperando con ansias la llegada de Jesús. Esperaban algo maravilloso. Cuando apareció Jesús, el gentío guardó silencio, mientras Él se sentaba en una silla y comenzaba a enseñar. De pronto, los fariseos interrumpieron la reunión trayendo a una mujer que había sido encontrada en adulterio. Obligándola a pararse frente a todos, se volvieron a Jesús y dijeron: «Maestro, a esta mujer se le ha sorprendido en el acto mismo de adulterio. En la ley de Moisés se nos ordenó apedrear a tales mujeres. ¿Tú qué dices?» (versículos 4–5 NVI).

La pregunta era un montaje, pues buscaban una forma de acusarlo, pero en vez de morder el anzuelo, Jesús se inclinó y comenzó a escribir algo con su dedo en el suelo.

«¡Ya pues!» insistieron. «Queremos una respuesta. ¿No sabes lo que la Ley nos manda hacer?» Finalmente se paró, mirándoles severamente a los ojos y dijo: «Aquel de ustedes que esté libre de pecado, tire la primera piedra» (8.7 NVI). No tuvieron respuesta, ni pudieron decir nada.

Con esto, se inclinó y siguió escribiendo.

Uno por uno, los fariseos comenzaron a dispersarse. Los primeros en irse fueron los mayores y después todos los demás. Finalmente solo quedaron dos personas donde había estado la muchedumbre. Jesús se levantó y dijo a la mujer: «Mujer, ¿dónde están [las personas que te acusan]? ¿Ya nadie te condena?» (8.10 NVI).

«Nadie, Señor», dijo ella (8.11 NVI).

Jesús expresó: «Tampoco yo te condeno. Ahora vete y no vuelvas a pecar» (8.11 NVI).

Cada vez que leo este pasaje me hago la misma pregunta: ¿Cómo se descubre a una mujer en adulterio sin encontrar al hombre? ¿No debería haber habido una mujer y un hombre de pie ante Jesús? El hecho de que sólo estaba presente una mujer implica que se trataba de una trampa desde el comienzo. Claramente, los maestros de la ley y los fariseos le dieron al hombre una salida. Eso es si realmente *hubo* un encuentro adúltero. Ya que demandaban la pena capital para alguien, como parte de un montaje, resultaba muy obvio que la persona que estaba siendo juzgada no era la mujer, sino Jesús.

Cuando siguieron importunándole por una respuesta, les dio el golpe de gracia. Su declaración no se refería simplemente a la idea general de que todos hemos pecado en nuestras vidas, estamos excluidos de la gloria de Dios y, por lo tanto, no tenemos derecho a castigar a los que cometen un crimen. Si ese fuera el caso, ningún sistema judicial quedaría en pie. Ningún fiscal, oficial de policía, abogado defensor, autoridad pública o juez, está sin pecado. Al contrario, Jesús se refería a cómo la atraparon y trajeron maliciosamente a juicio. Discernió esto y luego les invitó a matarla, siempre que pudieran probar en el proceso que ellos no tenían culpa. En esencia, tildaba de pecaminoso su falso juicio.

Estaban atrapados y lo sabían. Hoy, a esto se le llama acusación maliciosa. Por eso, los de más edad sabían lo que habían hecho y comenzaron a retirarse hasta que, finalmente, no quedó nadie.

¿Era inocente la mujer? Probablemente no. Jesús nunca negó las acusaciones en contra de ella. Después de obtener ventaja sobre ellos, no la dejó libre de culpa. Concluyó su encuentro diciendo: «Vete y no vuelvas a pecar» (8.11 NVI).

¿Alguna vez te has sentido acorralado y sin salida? ¿Te has sentido rodeado, sin solución a la vista? ¿Has sentido que tus barreras son infranqueables, imposibles de cruzar o impenetrables? En los cuatro Evangelios comprobamos que Jesús estuvo rodeado, decenas de veces. Sin embargo, mostró el poder de la sabiduría de Dios. Cuando el mundo a tu alrededor parece que se está desmoronando, a la hora de la verdad, cuando no hay esperanza a la vista, cuando pareciera que no tienes salida, la sabiduría de Cristo puede guiarte a la solución. Es la sabiduría de Cristo lo que hace la diferencia.

Recuerda, ¡no es suficiente ser bueno! Ser un ciudadano ejemplar y respetuoso de la ley sólo te puede llevar hasta cierto punto. Sin Su sabiduría, nunca darás el salto cualitativo que anhelas, nunca saltarás al próximo nivel, ni romperás la barrera que te separa de aquello que estás destinado a ser.

Escoge la sabiduría de Dios para tu vida y tus posibilidades no tendrán fin. Tu potencial no tendrá límite. ¡Dios te guiará desde apenas sobrevivir, a una vida que prospera! Desata el poder de la sabiduría de Cristo en tu vida, y los desafíos que enfrentas llegarán a ser superables.

En el capítulo previo, comenzamos el proceso de establecer el segundo pilar en nuestras vidas, esto es, la sabiduría santa. Descubrimos la importancia de ver las cosas desde la perspectiva de Dios. También estudiamos cinco sencillas maneras de llegar a ser sabios y vimos la importancia de conocer los Proverbios y recibir la influencia positiva de aquellos que nos rodean.

Este capítulo está centrado en cómo desatar el poder de la sabiduría de Cristo en nuestras vidas. Descubriremos algunas formas prácticas en que la sabiduría de Dios puede romper las barreras que enfrentamos. Cuando completes este capítulo, el segundo pilar estará en su lugar.

DANIEL Y SALOMÓN

Hay una historia muy popular que circuló por la tierra de Israel hace dos mil años. Aunque se originó alrededor del 400 a.c., todos la habrían escuchado en los tiempos de Jesús. No obstante que este relato no se encuentra en el Antiguo Testamento, demuestra la justicia y sabiduría de Dios de manera convincente. Lo que sigue es una paráfrasis del libro de Daniel y Susana, el que se encuentra en la Versión Estándar Revisada.

Susana fue una mujer hermosa cuya apariencia despampanante solo era sobrepasada por su temor al Señor. Ella guardaba las leyes de Dios en su corazón, porque su padre, Hilkiah, se aseguró que fuera criada en las enseñanzas de la tradición judía. Ambos padres fueron personas rectas. Un día, un hombre llamado Joaquín fue a ellos para pedirle la mano de su hija en matrimonio y ellos amablemente asintieron.

Joaquín era un hombre muy rico y tenía una gran propiedad con un espacioso jardín. Todos los judíos del área venían a visitarlo porque era la persona más admirada en la comunidad.

Entre los visitantes se contaban dos ancianos que ese mismo año llegaron a ser jueces para gobernar al pueblo, aunque la condición de sus corazones entristeció al Señor. Él dijo: «Están llenos de iniquidad». Estos dos jueces iban muy a menudo a la casa de Joaquín, porque allí se reunían muchas personas cada mañana para tratar sus problemas civiles y querellas.

Cada día, cuando todos volvían a sus hogares a almorzar, Susana disfrutaba de un paseo por su jardín. Al observarla día tras día, caminando por los senderos floridos, los ancianos comenzaron a desearla. Debido a su lujuria, sus mentes se torcieron, perdieron su sano juicio y no siguieron la ley de Dios.

Diariamente, como un león que acecha su presa, la miraban con avidez. En una ocasión, cuando todos los demás se habían ido, los ancianos se percataron, por separado, que el otro no se había marchado. Se presionaron mutuamente, se confesaron el deseo lujurioso de estar con ella a solas y comenzaron a idear un plan para cuando pudieran encontrarla sola sin su marido.

Por fin llegó la oportunidad, en una ocasión en que ella entró al jardin solo acompañada de dos sirvientas, y como era un día caluroso, quería bañarse y refrescarse del sol abrasador. Todos volvieron a casa a almorzar, excepto los dos ancianos. Fue entonces que decidieron entrar en acción. Se escondieron en el fondo del jardín y la observaban a la distancia.

Susana se volvió a sus dos sirvientas y les pidió: «Por favor, tráiganme algo de aceite y ungüentos. Después, salgan del jardín y cierren las puertas detrás de ustedes para que yo pueda bañarme». Las sirvientas hicieron tal como les pidió y no vieron a los dos ancianos merodeando tras los arbustos, porque ellos se habían escondido.

Cuando se fueron las sirvientas, los dos ancianos, con sus corazones llenos de lujuria, corrieron hacia ella y dijeron: «Todos se fueron y las puertas del jardín están cerradas. No podemos mirar hacia fuera ni nadie puede vernos aquí adentro. Estamos enamorados de ti y si estás de acuerdo, queremos que te acuestes con nosotros. Si nos niegas esto, testificaremos públicamente que te vimos acostada con un joven y que ésta fue la razón por la que dijiste a tus siervas que se marcharan».

El corazón de Susana se desvaneció. Totalmente consternada exclamó: «No tengo salida. Si hago tal cosa, me matarán por adulterio y por pecar contra el Señor. Si no lo hago, ustedes de seguro desatarán el juicio de toda mi casa y la comunidad en contra mía. No podré escaparme de sus manos. Por lo que escojo no cometer un acto tan horrible y caer en su plan lujurioso».

Entonces Susana gritó con voz fuerte y los dos ancianos hicieron lo mismo, creando un alboroto en medio del jardín. Cuando los sirvientes de la casa oyeron los gritos, corrieron hacia el lugar, y uno de los ancianos corrió y abrió las puertas. Entonces contaron su infamia. Nunca se había dicho algo así de Susana y los sirvientes se sintieron avergonzados.

El día siguiente, los ancianos vinieron a la casa de Joaquín con maldad en sus corazones. No habían desistido de su malvado complot para ajusticiar a Susana. La mandaron a llamar, diciendo: «Tráiganos a Susana, la hija de Hilkiah, quien es la esposa de Joaquín». Ella entró con sus hijos, sus padres y toda su familia.

Siendo una mujer hermosa de gran refinamiento, ante la consternación de los ancianos, salió escondida detrás de un velo. Los malvados, llenos de lujuria, querían ver su hermosura por última vez. Así que ordenaron que el velo fuera removido. Sus amigos, familia y todos los que la conocían miraron mientras se le removía el velo y lloraron.

Mientras Susana permanecía de pie ante la asamblea con lágrimas en sus ojos, los dos ancianos se pararon al medio de la multitud, colocaron sus malvadas manos sobre su cabeza y dijeron: «Ayer, cuando estuvimos solos en el jardín, esta mujer entró con dos sirvientas, cerró las puertas y las despidió. Un hombre joven que estaba escondido vino y se acostó con ella. Cuando vimos esta maldad, desfallecieron nuestros corazones. Corrimos a ellos, pero el joven pudo más que nosotros, abrió las puertas y escapó. Cuando la interrogamos acerca de quién era el joven, rehusó contestarnos. La agarramos y trajimos a este juicio. Estas cosas testificamos».

Debido a que los ancianos ocupaban puestos honorables, la multitud les creyó. Así que la condenaron a muerte.

Susana, levantando la voz, dijo: «¡Oh Dios eterno. Tú sabes lo que es secreto, y Tú estás consciente de las cosas malvadas que estos hombres han inventado en contra mía!»

El Señor escuchó su clamor.

Dios sacudió la conciencia de un joven llamado Daniel, justo cuando la llevaban para ser ajusticiada. Con voz fuerte señaló: «Soy inocente de la sangre de esta mujer». Todos en la asamblea se volvieron y le preguntaron: «¿Qué dijiste?» Con calma y seguridad respondió: «¿Están tan ciegos que no ven que les han mentido a ustedes, hijos de Israel? ¿Están dispuestos a condenar a una hija de Israel sin mirar todos los hechos? Estos hombres nos han engañado. Pido que volvamos al lugar del juicio».

La asamblea reanudó. Los ancianos, en su arrogancia, les dijeron: «Ven a sentarte con nosotros. Tienes todo el derecho de probar su inocencia».

Daniel le dijo a la asamblea: «Separen a estos dos ancianos e interrogaré a cada uno».

La multitud los separó y Daniel comenzó la interrogación. Llamó al primero y le dijo: «Tú eres malvado y ahora tus pecados revelan tu corazón maléfico. Han hecho juicios falsos. Han condenado al inocente y dejado libre al culpable, aunque el Señor dijo que no condenaran a una persona justa. Dígame la verdad, si realmente la vio. ¿Bajo cuál árbol estaban?»

El anciano respondió: «Debajo del gomero».

Daniel replicó: «Has mentido contra ti mismo. ¡Porque el ángel del Señor ha recibido tu sentencia a muerte y viene a cortarte en dos!»

Dio órdenes que lo pusieran a un lado. Luego hicieron entrar al otro anciano. Daniel se volvió a él y dijo: «Tú no eres hijo de Judá. La belleza ha engañado tu corazón y estás lleno de lujuria. Has estado acechando a las hijas de Israel y ellas intimaron con ustedes por temor, pero esta hija no toleró tu maldad. Dime; ¡bajo qué árbol pillaste a esta pareja en intimidad?»

El anciano respondió: «Bajo la encina».

Entonces Daniel señaló: «¡Muy bien! Tú también eres un mentiroso. El ángel del Señor espera con una espada en mano para cortarte por la mitad. Él destruirá a ambos».

Toda la asamblea, gozosa, prorrumpió en vítores diciendo: «Dios salva a aquellos que ponen en Él su confianza». Luego tomaron a los dos ancianos malvados que habían mentido en contra de Susana, e hicieron con ellos lo que ellos planearon hacer contra ella. Actuando según la ley de Moisés, la asamblea los condenó a muerte. Ese día la sangre inocente fue salvada y la madre y el padre de Susana alabaron a Dios porque no se encontró ninguna cosa vergonzosa en su hija.

En la interrogación cruzada que hace Daniel, somete a prueba brillantemente los corazones malvados de los ancianos, al hacerles una pregunta que nunca anticiparon. Un árbol gomero se considera comúnmente un arbusto y solo puede crecer hasta los tres metros y medio, mientras que la encina perenne, en su estatura majestuosa, puede alcanzar más de quince metros de alto. Al oír sus respuestas, la gente supo que estaban mintiendo. Los dos ancianos se condenaron a sí mismos por sus propias palabras.

Daniel desató el poder de la sabiduría de Dios. Al hacerlo, le salvó la vida a una joven mujer, restauró su reputación y trajo a la justicia a dos hombres malvados.

Al enfrentar a aquellos que buscan destruirte, recuerda que la sabiduría es tu carta triunfadora. Ningún desafío, ninguna carga o barrera está a la altura del poder de la sabiduría de Dios. Por tanto, desátala. ¡Es lo *más sabio* que puedes hacer!

Daniel comprendió la necesidad de tener la visión y perspectiva de Dios para tomar buenas decisiones. Reconoció que Dios provee la sabiduría que necesitamos para romper barreras, superar la adversidad y alcanzar nuestro máximo potencial.

Daniel no fue el único que comprendió esto. Salomón también lo entendió. Sin la perspectiva de Dios, Salomón nunca habría llegado a ser el gobernador sabio que fue. Primera de Reyes 3.16–28 relata la historia de dos indignadas prostitutas que vivían en la misma casa y que tuvieron un violento altercado, lo que las llevó ante Salomón.

La primera dijo: «Cada una de nosotras tuvo un bebé con tres días de diferencia. Mientras la casa estuvo vacía, el bebé de esta mujer murió durante la noche. Ella se levantó y cambió su bebé muerto por el mío. ¡Cuando desperté para amamantar al mío, estaba muerto! Mirándolo más de cerca, descubrí que no era mi hijo».

La otra mujer levantó la voz: «¡Eso no es verdad! Mi hijo es el que está vivo». Y siguieron discutiendo hasta que por fin Salomón habló: «Ambas reclaman que el niño es suyo. Una dice esto, la otra dice aquello, por lo que yo les digo lo siguiente: Haré que corten al bebé en dos pedazos. Así cada una puede llevarse la mitad del niño a casa».

La mujer cuyo hijo estaba vivo no pudo resistir la idea de que se cortara en dos a su bebé, por lo que clamó: «Por favor, mi señor: ¡entrégale el bebé vivo a ella! ¡No lo mates!» Pero la otra dijo: «Me parece bien la solución del rey. ¡Córtenlo en dos! ¡Si yo no lo puedo tener, tampoco lo tendrás tú!»

Entonces la sabiduría de Salomón fue revelada. Él dijo: «Entrega el bebé a la primera mujer. Ella es la legítima madre». Cuando la gente escuchó el veredicto del rey, quedaron asombrados porque sabían que su sabiduría provenía de Dios.

Salomón desató la sabiduría de Dios y salvó una vida y una familia. Ese es el tipo de sabiduría que Dios quiere darte. Quiere que adquieras nuevas formas de ver al mundo que te rodea, para que lo aprecies desde Su perspectiva. Quiere darte nuevos paradigmas y referencias, no importa el aprieto, el desafío o las circunstancias que enfrentes, porque cuando desatas el poder de la sabiduría de Dios, las reglas del juego cambian para siempre.

NUEVOS PARADIGMAS Y PERSPECTIVAS

Muchas veces las respuestas que buscamos están justo delante de nuestros ojos. Es como cuando buscas las llaves de la casa, que están todo el tiempo en tu mano. Indagas en tu cartera o bolsillos, maletín, escritorio, vehículo y encimera de la cocina, junto con otros diez lugares. Entonces tu cónyuge te dice: «¿No son esas que están en tu mano?»

Y tú te dices, *Si mis llaves hubieran sido una serpiente, me habrían mordido.* ¿Qué fue lo que te impidió ver las llaves?

Los lentes por los cuales vemos al mundo nos impiden ver las cosas de diferentes ángulos. Nuestras perspectivas a veces no dejan que veamos la elección más importante y obvia. Para cambiar esto, necesitamos un nuevo paradigma. Para ver el camino alrededor de las barreras que enfrentamos, necesitamos un punto de vista fresco. Necesitamos ver nuestras circunstancias desde la perspectiva de Dios.

Cuando yo tenía diecisiete años, decidí ir a la Universidad Vanguard y prepararme para el ministerio a tiempo completo. Mi corazón estaba enfocado en ser ministro. Mis padres no estaban entusiasmados con la idea. Temían que después de la graduación no fuera capaz de sobrevivir a las presiones financieras de la vida. Mi papá me dijo: «Hijo, recuerda que si entras al ministerio no ganarías mucho dinero». Mirando hacia atrás puedo decir honradamente que tenía razón.

También pienso que mis padres me habrían apoyado más si hubiera escogido una universidad secular. Si bien comprendían mis convicciones religiosas, les preocupaba que el trabajo de ministro no me rentara lo suficiente para vivir en California. Por algunas semanas estuvimos en desacuerdo y se produjo una tensión incómoda entre nosotros.

Un día mi padre estaba trabajando en su bar y entró un cliente habitual. Su nombre era Chick Hearn, el locutor de Los Angeles Lakers por más de cuatro décadas. Se había mudado desde Minnesota cuando este equipo de básquetbol se asentó en Los Ángeles. Muchas personas consideran a Chick como uno de los mejores locutores deportivos de la historia. Estoy convencido que la gente de L.A. lo cree definitivamente.

Chick entró al bar de mi papá y esperó por una mesa en el comedor. Normalmente tomaba una taza de café mientras los dos conversaban acerca de la vida y del equipo.

Esa tarde, Chick se dio cuenta que mi papá estaba un poco distraído.

Preguntó: «¿Qué te pasa, Bobby?»

Me padre respondió: «Es mi hijo. Quiere ir a una universidad religiosa para prepararse para el ministerio. Mi única preocupación es que no podrá pagar las cuentas de la vida. No estoy seguro de qué hacer».

Chick colocó su taza de café sobre la barra y miró a mi padre fijamente a los ojos. Después de meditar unos segundos le dijo: «¿Sabes? yo perdí a alguien muy querido por una sobredosis de droga. Si pudiera rebobinar los casetes de mi vida y apoyar sus estudios para el ministerio, lo haría sin titubear».

Chick vio las cosas desde una perspectiva celestial. Miró el asunto desde un punto de vista eterno. Su experiencia dolorosa le dio una perspectiva única de la sabiduría de Dios y pudo acercarse al tema con sabiduría santa. Y para crédito de mi padre, él tuvo el suficiente sentido común para ver las cosas desde ese punto de vista también. Este solo comentario movió la balanza a favor de que me apoyara en mis esfuerzos para ir a la universidad y prepararme para el ministerio.

En un momento, tuvo ante sí un nuevo paradigma. Cambió su percepción e interpretación de las prioridades de la vida. Durante mis cuatro años de universidad, él llevó la mayor parte de la carga financiera. Varias semanas al año trabajó dieciséis horas al día para cubrir el costo de mi matrícula. Agradezco sus esfuerzos y su apoyo para costearme la universidad. Sin embargo, me impresiona más su disposición para considerar el mundo desde una perspectiva diferente.

Mucho de lo que pensamos y la forma cómo enfrentamos nuestras barreras es determinado por nuestro punto de vista, por nuestro modo de pensar. Una de las cosas más sabias que podemos hacer al intentar romper las barreras es permitir que la sabiduría de Cristo cambie nuestra perspectiva.

En nuestra búsqueda de romper barreras es imperativo alcanzar más allá de nuestra perspectiva normal. Necesitamos crecer en la sabiduría de Dios y permitirle cambiar nuestro punto de vista respecto de nuestras circunstancias. Cualquier barrera puede ser enfrentada desde diferentes ángulos. Debemos cuidarnos de no creer que nuestra forma de ver el mundo hoy sea la única.

CINCO PASOS PARA ROMPER BARRERAS USANDO UN SANO JUICIO

Al saber que mi corazón está alineado con el carácter de Dios, cuando me enfrento a una barrera, primero busco Su sabiduría. Me siento e imagino que la barrera tiene algún tipo de forma física. Luego visualizo nuestra confrontación. La enfrento frontalmente. Sé que correr de mis problemas no es una opción; esconderme no es una alternativa. Tengo que salir a la pista. He diseñado cinco pasos específicos que debo completar para superar mi barrera u obstáculo. Al darte a conocer estos cinco pasos, escribe algunas de las asociaciones que se te vienen a la mente. Sin duda, te ayudarán en el propósito de romper tus barreras.

1. Comienza con una oración

Antes de que intentemos echar abajo lo que nos impide superar la adversidad, hay que orar. Conectarse con Dios es el punto de partida para todo lo que hagamos. Pídele que te permita ver la barrera desde Su perspectiva. Eso nos ayudará a visualizar no solo su fuerza sino también sus debilidades.

Mi esposa Cindee y yo queríamos comprar una casa pero disponíamos de muy poco dinero. No teníamos patrimonio y nunca antes habíamos sido dueños de una propiedad. Dado el alto costo de los bienes inmuebles en California, las posibilidades eran menos de las que esperábamos, pero creímos que era tiempo de adquirir una y sentimos que Dios abriría las puertas correctas. Así es que oramos. Ese fue nuestro punto de partida. Le pedimos al Señor que abriera nuestras mentes a las posibilidades, más allá de nuestra perspectiva limitada. Sentimos paz y la sensación de que nuestras motivaciones eran las correctas y así pudimos seguir en el proceso.

2. Vuelve a examinar la barrera

Después de orar, nos movimos al paso siguiente. Reexaminamos la barrera desde todo ángulo posible. En vez de mirar las circunstancias abrumadoras del mercado de propiedades, cuyos valores aumentaban constantemente, más allá de nuestras capacidades financieras, quebramos la barrera en partes más pequeñas. En lugar de enfrentar el problema desde un ángulo particular, decidimos obtener una perspectiva diferente, como si voláramos en helicóptero dando vueltas alrededor de una montaña varias veces. Figurativamente hablando, eso nos permitió ver el problema desde todos los ángulos y obtener una visión distinta de nuestra barrera. También nos permitió dividir el problema en partes más pequeñas. Como resultado, pudimos ver los puntos fuertes y los puntos débiles que nos cerraban el paso.

Cada barrera, no importa cuan grande sea, puede dividirse en partes más pequeñas. Por ejemplo, comprar una propiedad implica muchos detalles. Hay que encontrar la casa conveniente y también se necesita un pie o cuota inicial. Luego hay que calificar para el préstamo adecuado y ser capaz de cubrir los pagos mensuales, lo que no es poco. Por cierto, la documentación necesaria para completar el proceso involucra muchos otros detalles.

Cindee y yo, junto con nuestro agente inmobiliario, dividimos la barrera de comprar una casa en segmentos más pequeños y abordamos cada uno independientemente. Tomamos un obstáculo por día. Si hubiéramos pensado que necesitábamos resolver sobre los fondos para el pie y los pagos mensuales al mismo tiempo, nos habríamos dado por vencidos. Si hubiéramos tenido que encontrar una casa decente, cerca de buenos colegios para las niñas y manejar todos los detalles en un solo día, nos habríamos abrumado. No lo hubiéramos resistido.

Nos dimos cuenta de algo respecto de las propiedades en California. Gente como nosotros compra propiedades y encuentran la forma de romper la barrera porque no es una fortaleza impenetrable. Se puede lograr. Al reducirla a segmentos más pequeños, comenzamos a descubrir sus debilidades. Por ejemplo, existen vendedores que están ansiosos por mudarse y venden sus propiedades por menos de lo que valen. Reducir la taza de interés baja los pagos mensuales de aquellos que tienen hipotecas muy grandes. Nunca ha sido más fácil que ahora construir una vivienda. Dependiendo de la perspectiva de uno, los precios están bajos comparados a lo que van a estar en los próximos veinte años, cuando la población de California crezca de un poco más de treinta y tres millones a cuarenta y seis millones de habitantes (ver U.S. Census Bureau's newsroom: http://www.census.gov/Press-Release/www/releases/archives/population/004704.html). Comenzamos a ver grietas en una barrera aparentemente impenetrable y sabíamos que esas grietas podrían permitirnos alcanzar nuestra meta.

3. Analiza cada solución posible

Analizamos y anotamos toda posible solución imaginable. Miramos condominios, condominios separados, casas separadas, casas de ciudad, hogares de ciudad y hogares nuevos en construcción. Escribimos los nombres de cada miembro de la familia al cual pensamos que podríamos pedir dinero prestado para ayudarnos con el anticipo. Analizamos nuestros ingresos proyectados y miramos nuestros fondos de jubilación y ahorro. Además, hicimos un inventario de todo lo que poseíamos y lo evaluamos con el propósito de convertirlo en dinero. Consultamos tres diferentes agentes hipotecarios y les dijimos que estarían en competencia unos con otros por nuestro préstamo. Preguntamos acerca de todo tipo posible de préstamo y consideramos que la suma de nuestros pagos mensuales se calcularía en base a un pie de veinte por ciento, diez por ciento y cinco por ciento. De pronto, la sabiduría creativa de Dios comenzó a delinear unas ideas muy interesantes en nuestra mente.

A medida que enfrentas tu barrera creativamente, escribe toda solución posible que te venga a la mente. Ninguna respuesta o solución es ridícula. Cada idea que anotas en el papel es digna de considerarse. No borres ni elimines ninguna idea por ridícula que pueda parecer. Una vez que las has anotado a todas y te sientes optimista con tu lista, puedes pasar al cuarto paso.

4. Analiza tus primeras cinco elecciones y redacta estrategias de seguimiento

Después de compilar una lista de todas las soluciones posibles, comienza a reducirlas a cinco. Luego, en cada caso, construye un plan cronológico o secuencial con los pasos necesarios para llevarlo a la práctica. Esto te permitirá ver las fortalezas y debilidades de cada idea. Para nosotros, este paso fue especialmente útil cuando analizábamos las diferentes opciones de préstamo y tasas de interés. Los prestamistas varían de estado a estado y de país en país. Nunca ha habido tantas opciones para préstamos como las hay hoy. Si no hubiéramos estudiado cada opción en forma independiente y trazado su trayectoria y conclusión, es posible que podríamos haber escogido una que hubiéramos lamentado.

Un amigo mío, Don Judkins, me dijo una vez: «No importa qué solución eliges en un problema, siempre planea un camino de escape. Asegúrate de poder salir de tu compromiso en caso de necesidad. Siempre ten una estrategia de salida». Este es un gran consejo de alguien que ha trabajado en el mercado inmobiliario toda su vida. Para cada solución, no importa cuan buena parezca, debe existir una estrategia tangible y ética. Así, si algo ocurre con tu salud, o surge otro problema, podrás salir. Siempre ten un plan B y un plan C. Una vez que hicimos nuestra elección respecto a la casa, el préstamo, la cantidad del pie y la oferta, nos movimos al quinto paso.

5. Sigue buscando consejo santo de personas sabias

Durante todo el proceso, Cindee y yo seguimos solicitando retroalimentación de aquellos que habían andado antes por ese camino.

Cindee y yo habíamos hecho todas nuestras tareas. Oramos. Reexaminamos la barrera y la dividimos en segmentos más pequeños. Incluimos toda situación posible. Analizamos las primeras cinco soluciones y seguimos consultado a aquellos alrededor nuestro. Finalmente, estábamos preocupados que los pagos mensuales iban a ser demasiado altos en atención al pie. No podríamos comprar y estábamos muy desilusionados. Después de varias semanas de buscar casa, investigando sobre préstamos y calculando presupuestos, terminamos muy entristecidos. Justo antes de concluir con nuestra empresa, llamamos a nuestro agente inmobiliario y él nos animó a llamar a un amigo común que había logrado lo que nosotros intentábamos hacer.

Nuestro amigo y su familia son misioneros que sirvieron en Centroamérica por muchos años y habían comprado una casa en el sur de California. Lo llamé y le expliqué nuestra situación. Me dijo: «Lo tuyo no es un problema de hipoteca, sino un problema de flujo de dinero». Luego que entendió todo sobre nuestros recursos y dilemas, sugirió: «¿Por qué no dar un anticipo menor al que originalmente planificaron? Los pagos mensuales subirán un poco, pero pueden usar esos fondos como protección en caso de dificultades en hacer los pagos mensuales. Según el presupuesto que han hecho, ese ahorro adicional les ayudará a suplementar sus pagos mensuales por tres o cuatro años y quizás nunca necesiten usarlo. Cuando llegue ese momento, el valor de la casa aumentará, por lo que la inversión bien vale la pena».

De pronto se prendió la luz. Vimos las cosas desde una perspectiva diferente. La respuesta era tan clara como el día. Esa noche Cindee y yo nos fuimos a acostar sabiendo que, con nuestro salario actual, podíamos hacer nuestros pagos mensuales de hipoteca por cuatro años. En vez de depositar en el bolsillo de otra persona, estaríamos invirtiendo en nuestro futuro. Nuestro amigo había aprendido algo a través de sus luchas con un sueldo misionero y lo compartió con nosotros. Aprendimos sobre la importancia de pedir continuamente la retroalimentación de aquellos que habían recorrido el camino que deseábamos andar. Hasta el día de hoy, nunca hemos utilizado los fondos adicionales.

Mis mayores recursos son los individuos sabios alrededor mío. Tus mayores recursos son las personas sabias alrededor tuyo. Seguramente tienes a las personas, así como el conocimiento e información necesarios a tu disposición. Por tanto, sigue buscando el consejo de aquellos que han superado exitosamente la misma barrera o una similar a la que tú necesitas romper. Pídeles que te den visión, perspectiva y un enfoque que sea aplicable a tu situación. En la mayoría de los casos, estarán muy contentos de ayudar.

Antes de comenzar, ora y pide la perspectiva de Dios. Luego reexamina tu barrera para que puedas ver un cuadro más claro. Mírala desde todos los ángulos y divídela en segmentos más pequeños. Piensa en cada forma creativa de abordarla. Analiza los cinco primeros resultados y mentalmente llévalos a sus lógicas consecuencias. Finalmente, sigue buscando consejos piadosos de aquellos que son sabios.

A través de todo, Dios ocupará tu creatividad y la de aquellos alrededor tuyo para ayudarte a planificar un curso santo para romper las barreras que enfrentas. Aquí va un simple acróstico que te ayudará a recordar los pasos que he bosquejado más arriba. Son las letras de la palabra **ROMPE**.

1. Recibe la perspectiva de Dios a través de la oración. Pídele a Él su punto de vista.
2. Observa (investiga) la barrera. Mírala desde cada ángulo y desármala en segmentos más pequeños.
3. Mantén y abraza cada posible solución, no importa qué tan ridícula suene.
4. Piensa en las cinco principales opciones y desarrolla una estrategia de seguimiento para cada una.
5. Edúcate constantemente al consultar a personas sabias.

ALCANZA A TODA UNA NACIÓN POR MEDIO DE LA CREATIVIDAD DE DIOS

Hace poco planificábamos una de las cruzadas más grandes en la historia de nuestro ministerio, a realizarse en el estadio de fútbol mayor de Costa Rica. En los últimos siete años, nuestras cruzadas se han dividido en dos segmentos. El de los niños comienza a las 17:30 horas y el destinado a jóvenes y adultos, a las 19 horas. Mi esposa y su equipo coordinan un maravilloso esfuerzo que alcanza a miles de niños cada noche. Yo les hablo a los jóvenes y adultos.

Estábamos buscando una forma de llegar a miles de niños para invitarlos al evento. Una mañana, después de que mi esposa y yo habíamos pasado nuestro acostumbrado tiempo juntos en nuestro café italiano favorito, manejamos al McDonald's. Una idea se introdujo en mi cabeza. Pensé, *¿No sería fabuloso colocar algún tipo de invitación en cada Cajita Feliz para promocionar la cruzada de los niños?*

Lo hace PowerMark, una serie de libros de historietas ilustradas diseñados por el ministerio de Quest Ministries International. Presenta el mensaje de salvación y el amor de Dios de modo que sea fácilmente asequible para los niños. Es una pieza literaria de primera clase, impresa con la misma calidad que cualquier tira cómica como Batman, Spider-Man o Superman. Decidimos preguntarle a nuestra denominación por varios cientos de miles de copias de la serie de seis partes. Nuestra estrategia fue colocar una copia en cada Cajita Feliz vendida durante los tres meses anteriores a nuestro evento.

Hice una cita con los ejecutivos de McDonald's en Costa Rica. Se llevaron varios ejemplares de muestra y prometieron presentarlo en su próxima reunión de directorio. Había un pequeño problema: sus ventas de la Cajita Feliz en ese momento no eran suficientes para cubrir la nación. Conversamos también con los vendedores, pero nadie nos pudo prometer que podrían alcanzar al número de niños que queríamos.

Nos encontrábamos en una posición difícil. Queríamos llegar a los niños de la nación, ¿pero cómo? Comenzamos a pensar en los medios de distribución existentes. Nos preguntamos: «¿Quién tiene la capacidad para distribuir varios cientos de miles de folletos de una vez?» Luego se nos ocurrió la gran idea: el más grande y más poderoso medio de distribución en Costa Rica es el periódico nacional. Alcanza una circulación de trescientos mil ejemplares y se llama *La Nación*. Es uno de los más grandes periódicos en Centroamérica, así que hicimos una cita y fuimos a conversar con sus ejecutivos.

Ellos me pasaron una lista mostrando su distribución del domingo. Cientos de miles de ejemplares se entregan cada domingo por la mañana. Era la distribución que buscábamos.

Mi asociada ministerial Rebecca Ruiz encabezó las negociaciones. Ella dijo: «Necesitamos colocar esta pieza de literatura en manos de cada niño costarricense. Queremos invitarlos a un evento en el estadio de fútbol Saprissa. Creemos que el Señor ama a los niños de este país y queremos compartir con ellos el amor de Dios, de manera que edifique su autoestima y dignidad. Y necesitamos su ayuda para hacerlo. Queremos que inserten el ejemplar uno de la serie en el diario del domingo el fin de semana anterior al evento». Aceptaron sin vacilación.

La tira cómica era la primera de una serie de seis, con un argumento continuado de seis partes. Para saber cómo seguía y terminaba la historia, se necesitaban los seis. Tuvimos los varios cientos de miles de copias del primero que serían distribuidos por el periódico. Los volúmenes dos al cinco se entregarían durante la cruzada. En el respaldo de la tira cómica iba un cuadrado en blanco de diez centímetros por siete que se podía usar para un mensaje específico. Ahí agregamos instrucciones acerca de cómo asistir a la cruzada y obtener el resto de la serie. El mensaje decía: «Para descubrir el resto de esta historia emocionante, ven al estadio Saprissa y recibirás tu copia gratuita».

Cada noche, miles de niños se abalanzaron a las puertas del estadio buscando su ejemplar de PowerMark. Mi esposa entregó un mensaje del Evangelio de lujo y varios cientos de niños pasaron adelante para salvación cada noche. Lo mínimo que podemos decir es que la respuesta fue abrumadora. Al terminar la cruzada de los niños, entregamos un nuevo volumen de la tira cómica. Después de la cuarta jornada, los niños habían recibido los números uno al cinco.

Finalmente, en la última noche, anunciamos: «Para poder recibir tu copia gratuita con el gran final de la serie, asistan a una de estas iglesias locales». Había una lista de las que habían apoyado el evento. En cada iglesia, estaban disponibles ejemplares de la serie PowerMark. El domingo siguiente, miles de niños entraron por las puertas de las iglesias en todo Costa Rica. Encontraron no sólo la copia final de la serie de seis partes sino un hogar espiritual también.

La creatividad de Dios irrumpió a través de una enorme barrera. Niños en todas partes de Costa Rica recibieron el primer volumen de la tira cómica a través de un medio secular de distribución. Fueron guiados a un evento evangelístico donde encontraron el amor de Cristo. Cada noche, recibieron la continuación de una interesante historieta para niños. Fueron también conducidos a una congregación donde recibieron el volumen final de la serie y tuvieron la oportunidad de sentirse aceptados y amados y de ser discipulados en las enseñanzas de la Biblia. La nueva idea funcionó mejor que cualquier esfuerzo de literatura evangelística que hubiéramos intentado jamás. Decenas de miles de niños fueron alcanzados y otros tantos asistieron a la cruzada. Miles tuvieron un encuentro con Cristo y están siendo discipulados. A la fecha, es uno de los mayores esfuerzos usando la distribución de literatura en la historia de ese país. Oramos, volvimos a examinar la barrera y compartimos toda solución posible. Luego limitamos nuestras ideas a unas pocas y seguimos consultando con aquellos que habían trabajado antes en distribución. La creatividad de Dios tocó una nación entera y una barrera infranqueable fue rota.

Dos años más tarde, la asociación evangelística Luis Palau sobrepasó lo que hicimos al utilizar espacios para avisos en los costados de los buses y alrededor de las terminales y tuvo una cruzada cuatro veces el tamaño de la nuestra. ¡Alabado sea Dios!

Hasta aquí hemos discutido la importancia de explorar nuevos paradigmas e ideas. Hemos hablado acerca de pensar de maneras innovadoras y estirar nuestra capacidad de ver más allá de lo que está inmediatamente delante de nosotros. También hemos aprendido que necesitamos enfrentar nuestras barreras directamente, orar a través de ellas, abrazar cada posible solución y dividirlos en tamaños más pequeños. En lo que queda de este capítulo, examinaremos una habilidad importante, la que nos ayudará a ser exitosos en nuestra adquisición de sabiduría santa: el escuchar.

CÓMO SER LA PERSONA MÁS INTERESANTE EN LA SALA

Existe una manera fácil de llegar a ser la persona más interesante en la sala: hacer preguntas y escuchar. Saber escuchar es una habilidad que muy pocas personas dominan. La mayoría de nosotros oímos lo que queremos oír en vez de lo que la otra persona quiere decir. Por esta razón, existen enormes lagunas comunicacionales en muchas conversaciones. Para poder reducir nuestra constante mala comunicación, necesitamos mejorar nuestra habilidad para escuchar. Hacerlo nos ayudará en nuestra búsqueda de la sabiduría santa.

En ese momento se abrieron las puertas del ascensor y entró una productora de un programa matinal nacional de televisión. Pensé, *Aquí estoy en un rascacielos de Nueva York, subiendo al piso más alto en un ascensor con una productora de una red nacional.* Desgraciadamente, no era el único que subía. El ascensor estaba repleto. Todos se movieron hacia atrás y a los lados para hacerle lugar.

Tan luego entró y se dio vuelta de cara a las puertas que se cerraban, un agente literario famoso que estaba frente a mí le tocó suavemente el hombro diciéndole: «Hola, Jen, ¿cómo has estado?»

«Bien, gracias», respondió ella.

Siguió él: «Si tienes treinta segundos, quiero decirte algo. ¡Tengo una visita fantástica para tu programa!»

Poco sabía yo que estaba por presenciar un famoso «lanzamiento de ascensor».

Ella dijo: «Bueno, yo me bajo en el piso dieciocho. ¡Así que, adelante!»

Él dijo: «Tengo un autor fenomenal que escribió un libro...» Y le mostró el título.

Ella dijo: «¡Wow, es un gran título! Oye, estoy curiosa. De estos diez secretos listados en la tapa ¿cuál es el número uno?»

Él pensó y dijo: «Uh, no sé».

«¿Cómo?» dijo ella. «¿Qué quieres decir con que no sabes?»

«No recuerdo», dijo él.

Claramente decepcionada con su respuesta, afirmó: «Bueno, obviamente no te impactó tanto. Además, me habría gustado saber cuáles era el dos y el tres también». Con eso, las puertas del ascensor se abrieron, y ella salió.

El agente no dijo palabra. Había dejado pasar una oportunidad dorada. ¡Si simplemente le hubiera pedido a la productora una cita para más adelante, podría haberle dado la oportunidad de su vida al autor y quién sabe si habría cambiado su carrera de escritor para siempre! Estoy convencido de que el agente sólo debió pedirle a la productora una reunión para que ella le hiciera todas las preguntas que quisiera al autor. Dada su actitud, habría accedido. Desgraciadamente, el agente no la escuchó y no usó la oportunidad para contestar sus preguntas.

Escuchar es un rasgo valioso y muy necesario para aumentar nuestra sabiduría. Las formas verbales *hablar, habló o hablado* aparecen aproximadamente 600 veces en la Biblia NVI. *Escuchar, oír u oyó* son usados más de 1.200 veces. Sólo en el libro de Proverbios, el mandato a escuchar aparece dieciséis veces. Dios coloca una alta prioridad en la habilidad de oír y acatar el consejo. Alguien dijo una vez: «Dios nos hizo una boca y dos oídos. Probablemente haya una buena razón para esa proporción».

Si queremos llegar a ser personas sabias y crecer en la sabiduría de Cristo, debemos perfeccionar nuestra habilidad de escuchar y absorber la información que nos comparten individuos sabios. Al entrar en una conversación, trata de recordar las siguientes perlas:

1. Escucha lo que la persona intenta decir

Tu dedicación en primer lugar debe ser a escuchar lo que el individuo procura decir. No debes estar tratando de oír sólo lo que *quieres* que la otra persona diga. Esto requiere total concentración, libre de distracciones e interrupciones mentales.

Las parejas casadas luchan muy a menudo con esto, porque a veces los esposos y esposas están obligados a comunicarse en circunstancias desfavorables. Suena el teléfono. Los niños gritan. La cena se quema. La tina se rebalsa... Y desgraciadamente, muchos escuchan para oír lo que quieren oír en vez de lo que la otra persona quiere comunicar. Al comenzar una conversación, limpia tu mente y despéjate de todas las distracciones y motivaciones escondidas.

2. Ten a mano un papel y un bolígrafo

Mantén un pedazo de papel y un bolígrafo a mano para ayudarte a formular preguntas a medida que vienen a tu mente.

¿Cuántas veces has escuchado decir lo siguiente: «Uh, ¿qué iba a decir?» Y esa declaración va seguida con un: «Bueno, seguro que no era importante». No es verdad; la mente está constantemente pensando hacia delante y solucionando problemas. A veces, justamente la pregunta que olvidamos es la que más necesita respuesta.

Si anotas unas pocas palabras de tu pregunta o comentario, tu mente estará liberada para seguir escuchando con atención lo que tu amigo está compartiendo. También muchos somos víctimas de distracciones mentales cuando escuchamos a otros. Te insto a escribir cualquiera de las tareas o recados que te vienen a la mente. Al anotar un par de palabras referentes a esa idea, tu mente será liberada para volver a la discusión y permanecer activamente involucrada.

3. Retroalimenta a tu interlocutor

Dile a la otra persona cómo estás recibiendo lo que trata de decir. Esto le da la oportunidad de clarificar, si has escuchado o comprendido algo erróneamente. También sirve para expresar de otra manera algo que le resulte difícil de comunicar. Cada vez que comparten un punto, puedes decir algo como: «¿Puedo hacerte una pregunta? ¿Estás diciendo que...?» Tendrás mucho más éxito haciéndolo así en vez de responder: «¡Debes estar loco!» o «¡No puedes estar hablando en serio!»

Cuando la persona que conversa contigo siente que comprendes estará más dispuesto a compartir valiosa información adicional en el futuro.

Tomemos un momento para considerar lo que hemos aprendido hasta aquí, acerca de romper las barreras en nuestras vidas. Una clara comprensión de nuestro propósito es el primer requerimiento para quebrar cualquier barrera que se nos pone por delante. El próximo es un corazón santo. Una vez que cultivamos el corazón de Dios dentro de nosotros, necesitamos Su sabiduría. La sabiduría de Cristo nos da una perspectiva recta al ganar Su visión, perspectiva y habilidad para tomar decisiones sanas. La perspectiva de Dios nos abre los ojos a formas nuevas y creativas para triunfar sobre la adversidad en nuestras vidas.

En este capítulo hemos aprendido que al acercarnos a una barrera, debemos siempre comenzar con la oración. La oración es el punto de partida para alcanzar la perspectiva de Dios al enfrentar obstáculos. Luego, debemos reexaminar la barrera, considerar toda posible solución, analizar las mejores opciones y buscar consejos piadosos de personas sabias.

Felicitaciones, el segundo pilar está ahora en su lugar. ¡Estás un paso más cerca de vivir la vida que Dios quiere que vivas!

Los próximos dos capítulos están centrados en el rol del Espíritu Santo, quien nos da la fuerza y disciplina para tomar buenas decisiones basadas en un carácter santo. El Espíritu nos da el poder para completar el proceso de romper nuestras barreras y llegar a ser todo lo que Dios quiere que seamos.

Al terminar juntos este capítulo, voy a pedirte que digas una sencilla oración. Recuerda que de todas las cosas que Salomón podría haber pedido recibir del Señor, escogió la sabiduría, la que le trajo muchas bendiciones y perspectivas que pocas personas en este mundo han experimentado jamás. Dios desea darte Su sabiduría porque te ama. Tú eres la niña de Sus ojos. Al pedirle al Señor Su sabiduría, recordemos lo que dijo Cristo en Lucas 11.9–13:

> *Pidan, y se les dará; busquen, y encontrarán; llamen, y se les abrirá la puerta. Porque todo el que pide, recibe; el que busca, encuentra; y al que llama, se le abre. ¿Quién de ustedes que sea padre, si su hijo le pide un pescado, le dará en cambio una serpiente? ¿O si le pide un huevo, le dará un escorpión? Pues si ustedes, aun siendo malos, saben dar cosas buenas a sus hijos, ¡cuánto más el Padre celestial dará el Espíritu Santo a quienes se lo pidan!* (NVI).

Podemos descansar seguros de que Dios nos dará lo que pedimos porque Él es bueno y nos ama. Oremos:

Señor, te doy gracias por traerme hasta aquí en mi viaje. Me has dado un propósito y has creado en mí un corazón santo. Me doy cuenta que no puedo romper las barreras si Tú no me impartes tu sabiduría. Señor, dame sabiduría. Te pido Tu perspectiva en la vida. Dame la mente de Cristo. Que Tus pensamientos sean mis pensamientos. Que pueda ver las barreras que me confrontan con Tus ojos. Ayúdame a llegar a ser una persona que camina en Tu bondad y sabiduría. Abro mi corazón a Tus nuevas ideas y corrección. Abro mi mente a Tu visión y perspectiva. Por fe, recibo Tu sabiduría.

Ahora, ayúdame, no sólo a ser una persona buena y sabia, sino también una persona fuerte. Ayúdame a tener la fuerza y la entereza necesarias para enfrentar la adversidad y superar los obstáculos que me impiden cumplir con el gran propósito que me has dado. Te pido el poder del Espíritu Santo para que me dé la disciplina y fuerza para romper las barreras que bloquean el camino hacia lo que Tú has destinado que yo sea.

Una vez más, me comprometo contigo y Te pido que guíes cada paso que tome. Oro todas estas cosas en el nombre de Cristo. Amén.

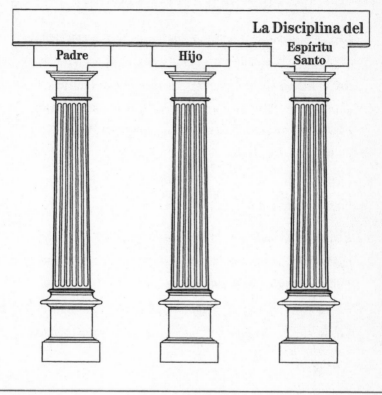

Fuerza Suficiente

Disciplina Divina	Meditación	Las Disciplinas de la Oración, el Discernimiento y la Obediencia
Paz	El Hablar de Dios	
Recursos Emocionales	Fuerza Sobrenatural	

LA DISCIPLINA DEL ESPÍRITU

El Espíritu Santo alienta la vida y da fuerza emocional al creyente. Nos da paz para superar los temores que tratan de impedirnos llegar a ser todo lo que Dios quiere que seamos. Por medio de la dirección del Espíritu, nuestros recursos emocionales aumentan, de modo que tenemos la fuerza para superar nuestros temores y trasladarnos más allá de las barreras. A esto es lo que yo llamo el tercer pilar.

El Espíritu Santo nos provee con la fuerza y disciplina para poner en acción todo lo que sabemos que es bueno y sabio. Hacerlo nos permite vivir una vida llena de paz, fuerza emocional y espiritual y victoria sobre los adversarios que enfrentamos. Juntos, estos tres pilares crean una vida llena de significado y sentido.

CAPÍTULO 6

Paz para tu alma

Estoy seguro de que mis conciudadanos estadounidenses esperan que con ocasión de mi investidura a la Presidencia me dirija a ellos con la franqueza y la decisión que obliga la actual situación de nuestra nación. Este es el tiempo exacto de decir la verdad, toda la verdad, franca y valientemente. No debemos eludir el desafío de enfrentar honradamente las condiciones en nuestro país hoy. Esta gran nación perdurará como ha perdurado, revivirá y prosperará. Así, en primer lugar permítanme aseverar mi firme convencimiento de que lo único que debemos temer es el temor mismo, puesto que el terror es anónimo, irracional e injustificado, pues paraliza los esfuerzos necesarios para convertir la retirada en avance. En cada hora oscura de nuestra convivencia nacional, el liderazgo franco y vigoroso ha encontrado esa comprensión y apoyo de este mismo pueblo, lo que es

*esencial para la victoria. Estoy convencido de que otra vez darán
ese apoyo al liderazgo en estos días críticos.*

—FRANKLIN D. ROOSEVELT,
Discurso inaugural
Capitolio de los EE.UU.
Washington, D.C.
4 de marzo de 1933

ERA NUESTRA tercera cruzada en la región. Teníamos altas expectativas porque los dos eventos previos habían tenido muy buena asistencia. Varias noches antes del comienzo de la cruzada, nuestros camiones se estacionaron fuera de una gran cancha de fútbol y el grupo de treinta miembros a cargo de esta tarea comenzó a descargar las pesadas luces, sonido y equipos eléctricos. Muchos niños curiosos se reunieron a ver el ensamblaje de casi veinte toneladas de equipo como si fuera un juego de construcciones.

Después de dos días de ardua labor, el grupo completó su trabajo, justo antes de comenzar la primera reunión, y ya a las 19 horas habíamos empezado. Cuando el grupo de música interpretaba su segunda canción, una leve llovizna vino desde el oriente y comenzó a caer suavemente sobre el escenario y el público asistente. Una pequeña llovizna puede ser refrescante, el toque de brillo que pone a todo lo que moja puede ser hermoso, pero para nosotros era un alerta sobre un tremendo problema. En un evento al aire libre, si una leve llovizna se convierte en lluvia, lo único que queda por hacer es desarmar todo e irse, porque ya el público se ha dirigido a las salidas.

Comencé a orar. Minutos antes de que me pasaran el micrófono, la llovizna se trasformó en pequeñas gotas. Oré con más fervor. Al final del drama que precedía el mensaje, caminé al escenario y fui recibido con una ovación de gotas de lluvia que rápidamente se trasformaron en un aguacero.

Creo que Dios es interactivo. Quiero decir que Él obra milagros, trae sanidad y hace maravillas en formas tangibles. No es un Dios distante. Participa activamente en nuestras vidas.

Antes de comenzar a hablar, oré, *Oh, Señor, ¿qué voy a hacer ahora? Por favor envía la lluvia para otro lado.* Di la espalda a la multitud, de frente a los elementos, y seguí orando. De pronto, paró la lluvia al comenzar a soplar un viento del oeste que empujó las nubes con lluvia en la dirección opuesta. Yo estaba impactado, aunque no lo demostré. Antes de volver a enfrentar al público, dije en silencio: «Wow, Señor, sí resulta». La mitad del público se detuvo asombrado, giró y volvió al estadio humedecido.

Como puedes imaginar, comencé a predicar con renovada confianza. Me cubrió un nuevo ungimiento. Me sentí libre para bajar de la plataforma y hablar desde las primeras filas del público. Presenté uno de los mejores mensajes que haya predicado y la respuesta fue asombrosa.

La noche siguiente, la reunión comenzó a la hora sin ninguna amenaza de lluvia. Edificada sobre el ímpetu de la noche anterior, la cruzada se seguía desarrollando como un evento poderoso con unos mil asistentes más que la primera noche. Cuando estaba por la mitad del mensaje, entró un hombre a quien nunca había visto. Su cabeza estaba rapada y usaba una chaqueta de cuero negra y jeans. No noté su aspecto de inmediato porque se quedó parado atrás.

No tenía cómo saber que debajo de su chaqueta de cuero y metida en la parte de atrás de sus jeans, llevaba una pistola cargada. Su dedo estaba en el gatillo y me acechaba a mí. A los pocos minutos, uno de los acomodadores lo identificó. Corrió donde otro ayudante y le dijo que Juan, el traficante de drogas más buscado en esa comunidad, estaba detrás de la cabina de sonido. El temor se apoderó de quienes conocían su reputación.

Formaba parte de un círculo organizado de la droga y era buscado por muchos crímenes y también por varios casos de homicidio.

Uno de los acomodadores que había recorrido el perímetro para verificar que todo estuviera en orden se acercó a Juan por atrás y vio el arma. Muy pronto todos sabían que Juan estaba allí y que estaba armado, pero no quisieron contarnos a los demás para que no nos asustáramos.

Cuando el mensaje estaba por finalizar, Juan comenzó a deslizarse por el gentío y se acercó al lado izquierdo del escenario. Siguió con su mano metida debajo de la chaqueta. Considerando su reputación, cada acomodador temía que estuviera allí para armar un lío y quizás dañarme a mí. Sin conciencia de sus intenciones diabólicas, me paré a la orilla de la plataforma e hice la siguiente declaración: «Algunos de ustedes necesitan el perdón de Dios. Necesitan Su mano para ser liberados. Puedes salir de este lugar libre de la esclavitud en que vives. Mi única pregunta es: ¿Quién eres?»

En ese momento, sacó la mano de su chaqueta —sin el arma— y la levantó como si fuera a aceptar mi invitación a la libertad espiritual. Llamé a todos los que levantaron sus manos, incluido Juan, a unirse a mí en el escenario, donde oraría con ellos. Al bajar a reunirme con él, un enjambre de acomodadores nos rodeó. No tenía idea de por qué respondían tan agresivamente. Nunca los había visto tan protectores.

Él los miró y dijo: «¿Qué quieren conmigo? ¿Cuál es su problema? ¿Por qué ustedes no nos dejan solos?» Luego se volvió a mí diciéndome: «Esto ha sido bueno para mí. Hace mucho tiempo que no hablo con el Caballero de arriba». Después de un pequeño intercambio de palabras, se volvió y salió de la cancha.

Manejando a casa esa noche, mi coordinador de cruzada me preguntó: «Sabes quién era ese personaje. Era Juan, un comerciante de drogas, pero esta noche pasó adelante porque necesitaba a Dios».

«Alabado sea el Señor», dije.

Continuó: «No sólo eso, sino que es buscado por las autoridades en esta región, pero pasó adelante porque necesitaba conectarse con Dios».

«Alabado sea el Señor», repetí.

Luego añadió: «Está asociado con crímenes terribles y lo buscan para interrogarlo en conexión con varios homicidios, pero pasó adelante porque quería ser liberado».

Dije otra vez: «Alabado sea el Señor».

Por fin explicó: «Sí, y esta noche traía un arma, tenía su dedo en el gatillo todo el tiempo, y te iba a disparar, pero en vez de eso pasó adelante porque quería cambiar su vida».

Cuando contó eso, quedé sin habla. Nada salió de mi boca. Creo que esperaba un último «alabado sea el Señor», pero no hubo ninguno. Pensé, *¿Cómo pudo haber ocurrido esto y por qué nadie me advirtió?*

La próxima noche busqué a Juan como un conejo evitando a un predador. Muy desconcentrado por lo que había ocurrido la noche anterior, estaba preocupado por ver si aparecía de nuevo o no. Para mi alivio no lo hizo. La noche siguiente estaba en alerta roja. Durante la reunión final, justamente después de la quinta canción, hizo su entrada. Sus ojos se clavaron en los míos mientras se paseaba de un lado a otro, a unos veinte metros detrás de la cabina de sonido.

Mi corazón comenzó a acelerarse. La transpiración corría por mi cara. No podía ver si cargaba o no un arma. En realidad, no importaba. Simplemente reconocí el mismo comportamiento que había demostrado hacía tres noches, cuando se paseaba allí mismo como un animal enjaulado. Al final del mensaje, hice una invitación para que las personas entregaran sus vidas al Señor. Juan vino adelante. Esta vez, al comenzar a caminar hacia el escenario, me traspasaba con la mirada. No lo vi parpadear ni una sola vez. Pasó la cabina de sonido, se acercó al escenario y caminó hacia el área del altar. El tiempo se detuvo. Entonces colapsó, dirigió la vista hacia el piso y comenzó a llorar como un niño.

Me volví a uno de mis colegas y le pedí que me ayudara con la situación. Rick es un misionero que había tratado con muchas personas disolutas en sus veinte años de experiencia ministerial. Había sido el director de jóvenes de las Asambleas de Dios en Arizona por muchos años, antes de su servicio misionero. Le dije: «Rick, ¿podrías orar para ayudar a este hombre a superar sus dificultades espirituales?» Rick, gentilmente, asintió. Se puso de rodillas y comenzó a orar por Juan, que yacía, cara al piso, posición en que lloró y sollozó por cuarenta y cinco minutos.

Al concluir el servicio, Rick levantó a Juan y le sacudió el polvo diciéndole: «Ahora debes tener algo absolutamente claro. Tienes que comenzar a leer la Biblia y debes unirte a una iglesia local». Entonces Rick agregó:

«Puedes comenzar tu nueva vida ayudándonos a desmantelar toda esta armazón de la cruzada». Juan asintió y procedió a enrollar cables, cargar altoparlantes y llevar bancas de vuelta a la iglesia. Fue el último en dejar la cancha de fútbol. Había tenido un poderoso encuentro con Dios esa noche.

Quedé admirado de Rick. Nunca noté temor en él. Yo, por mi parte, me sentí paralizado. Debo haber parecido como un ciervo capturado por la luz de los faros de un camión en movimiento. Sabía que Juan había venido la primera noche con la intención de acabar con la cruzada y dañarme. Te confieso, mi amigo, que el temor apretó mi corazón. Aunque Juan colapsó y parecía relativamente inofensivo durante mi invitación al concluir la noche, no tenía ningún deseo de estar dentro de su perímetro. Rick, por el contrario, se sintió seguro en su identidad y posición en Cristo. Se sintió seguro con su destino eterno. Se sintió en paz al tratar con uno de los criminales más peligrosos de la región. No tenía preocupación o temor de ser atacado.

Como resultado del incidente, aprendí una lección valiosa. El temor que experimenté me paralizó. Drenó mis recursos emocionales. Sí, mi corazón estaba limpio y tenía sabiduría, pero el temor anuló mis fuerzas y me robó la energía para hacer lo que sabía que debía hacer. Como la mayoría de la gente, cuando mis recursos emocionales se agotan, me mudo a una modalidad de supervivencia.

También aprendí que el temor es la fuerza más paralizante en la faz del planeta. Nos detiene. Todo nuestro potencial para romper barreras y llegar a ser todo lo que estamos destinados a ser es sofocado por el temor. Pero el Espíritu Santo obra en contra del temor. Se opone a la ansiedad. Fortalece nuestros recursos emocionales para que lleguemos a ser disciplinados y rompamos las barreras que nos impiden avanzar. Como dice la Biblia: «Dios no nos ha dado un espíritu de timidez, sino de poder, de amor y de dominio propio» (2 Timoteo 17 NVI).

La disciplina del Espíritu nos capacita para portarnos de manera controlada y calmada aun en situaciones difíciles y estresantes. Nos ayuda a desarrollar el dominio propio mental y emocional necesarios para cambiar nuestro comportamiento. En este capítulo, veremos cómo movernos más allá de nuestros temores, asumir la mente de Cristo y orar y meditar con el fin de fortalecer nuestro mayor recurso para lograrlo, esto es, la paz de Dios.

Nuestra disciplina no es abastecida por la sabiduría o el intelecto. No recibe el poder por la creatividad, no se energiza por un buen corazón, ni es controlada por los sentimientos.

El primer paso para obtener la fuerza divina es reconocer nuestros temores y alejarnos de ellos al acercarnos a la paz de Dios. Esto nos dará la fuerza que necesitamos. «El Señor fortalece a su pueblo; el Señor bendice a su pueblo con la paz» (Salmo 29.11 NVI).

¡SIN TEMOR!

Consideremos los argumentos de *La Guerra de las Galaxias*. Cada vez que la Alianza rebelde se enfrentaba a las naves del Imperio galáctico en batalla, en momentos críticos debían redirigir todo el poder a los escudos que protegían la nave. Sin embargo, al hacer esto, quedaban expuestas y vulnerables otras secciones vitales de la nave espacial, tal como el apoyo a la vida, filtración del aire y propulsión. El temor hace lo mismo con nosotros. Cuando redirigimos todas las energías a nuestro sistema de defensa, podemos dejar desprotegidas otras áreas emocionales. Como resultado, pasamos incontables horas de temor, ansiedad y preocupación y quedamos exhaustos.

El temor es uno de los más poderosos factores motivadores que tenemos hoy. Puede obligarnos a hacer dieta. Nos hace correr o escondernos. Nos obliga a pagar nuestras deudas. Podría impedir que viajemos en avión, conduzcamos un vehículo o salgamos de noche. Puede motivar a una persona mentirosa a decir la verdad. Es decir, modifica el comportamiento, aunque con el tiempo, el temor se disipa. Su efecto disminuye de a poco. Por ejemplo, muchos que han sufrido cirugía a corazón abierto cambian su dieta, comienzan a hacer ejercicio y a reducir su estrés. Pero algunos vuelven a caer en sus antiguos hábitos alimenticios, dejan de hacer ejercicio y asumen más trabajo que nunca. ¿Por qué? Su temor a la muerte se redujo y ya no los motiva a la disciplina.

El temor a la muerte no puede ser nuestra principal fuerza motivadora. Tampoco pueden serlo la ansiedad, la adrenalina o el deseo de ser exitosos.

Necesitamos dejar de lado la ansiedad y el temor como nuestros principales motivadores y llegar a ser auténticos buscadores de la paz de Dios. Toda nuestra seguridad emocional acerca de quiénes somos, lo que encierra nuestro futuro y dónde pasaremos la eternidad, deben estar basados en la paz de Dios para nuestras vidas. «La paz de Dios, que sobrepasa todo entendimiento, cuidará sus corazones y sus pensamientos en Cristo Jesús» (Filipenses 4.7 NVI).

Por tanto ¿cómo logramos la paz de Dios? Primero, ten en mente lo que conversamos en la introducción. Debemos permanecer enfocados en el propósito de Dios para nuestras vidas. Cumplir el destino que Dios nos ha preparado nos trae eterna paz. Nos ayuda a conocer la serenidad global durante tiempos de ansiedad y confusión. El apóstol Pablo dice en Filipenses 3.14: «Sigo avanzando hacia la meta para ganar el premio que Dios ofrece mediante su llamamiento celestial en Cristo Jesús» (NVI). Pablo fue uno de los líderes más influyentes en la iglesia del primer siglo. Escribió una buena porción del Nuevo Testamento y nunca perdió de vista el propósito de Dios para su vida.

Enfrentó incontables luchas y persecuciones. Lo enviaron a la cárcel. Sufrió naufragios y fue mordido por una serpiente venenosa. Terminó sentenciado a muerte por su fe en Cristo. Sin importar lo que se presentara en su camino, recordaba el propósito de Dios y la voluntad divina para su vida. Pablo nunca sufrió de una crisis nerviosa, nunca maldijo a Dios, ni se quejó de que su vida no era justa. En vez de eso, se mantuvo fiel al mensaje que predicaba. Vivió cada momento de acuerdo al propósito que Dios le había dado. Es por eso que el primer pilar es tan importante. Actúa como nuestra ancla y nos recuerda quienes somos en Cristo.

Como Pablo, si comprendemos el propósito de Dios para nuestras vidas y vivimos a la luz de Su meta para nosotros, estamos bien encaminados para alcanzar Su paz. Una vez que tengamos una comprensión clara del propósito dado por Dios, el paso siguiente para alcanzar la paz es tener la mente de Cristo. Logramos esto al trabajar diligentemente con Dios para cambiar nuestro estado de ánimo.

EL HABLAR DE DIOS

Para los propósitos de esta sección, me gustaría usar la frase *el hablar de Dios* para describir lo que llamo auto-hablarse de Dios, esto es, "tener Sus pensamientos en nuestra mente".

Después que descubrimos el propósito de Dios para nuestras vidas, debemos comenzar a reescribir los guiones que llenan de temor nuestras mentes. Deben ser reemplazados con acciones sanas tomadas de la Palabra de Dios. Los pensamientos negativos con que nos hablamos a nosotros mismos producen sentimientos de inestabilidad y preocupación, pero pueden ser manejados y reescritos de modo que en tiempo de turbulencia podamos caminar con confianza y tranquilidad. Al convertirse los pensamientos de Dios en nuestros, comenzamos a caminar con seguridad y tranquilidad. Hacemos esto al aprender, aceptar y aplicar lo que Dios piensa de nosotros, como se revela en Su Palabra.

Al renovar tu mente leyendo la Palabra de Dios, Su paz comienza a inundar tu corazón. El resultado será una vida llena de gozo y conexión significativa entre tú y Dios. Al final verás un cambio espectacular y lograrás la estabilidad necesaria para vivir una vida disciplinada.

Para reescribir el guión en nuestras mentes, necesitamos un enfoque práctico. Una de las formas más sanas de responder a nuestros sentimientos de ansiedad y temor es leer nuevamente lo que Dios dice acerca de nosotros en la Biblia. Hay un ejercicio que me ha ayudado a lo largo de los años. Tomo un pedazo de papel y dibujo una línea en el medio. Al lado izquierdo escribo el discurso negativo que oigo en mi cabeza en tiempos de confusión y estrés. No descarto nada. No importa cuán ridículo suene. Anoto todo pensamiento contrario a lo que Dios piensa de mí y no me detengo hasta que haya vaciado mi alma en el papel. Una vez que he escrito todo lo que parece tener un patrón destructivo en mis pensamientos, dejo mi bolígrafo y le pido a Dios que me ayude a ver las cosas desde Su perspectiva. Oro para que me ayude a verme a mí mismo como Él me ve.

Al lado derecho del papel, escribo lo que Dios dice de mí en Su Palabra. Escribo mis atributos y cualidades según Él, porque después de todo, la Biblia dice en Romanos 9.26 que somos creados a imagen de Dios y que estamos destinados a ser hijos e hijas suyas. ¿Quién conoce a sus hijos mejor que un padre? Con eso en mente, escribo lo que Dios dice que son mis cualidades como Su hijo.

La Biblia dice que Dios me ama y se ocupa profundamente de mí. Se preocupa de mi bienestar. Hace provisión para mí y desea que yo alcance mi máximo potencial. Me ha creado con un propósito y quiere que lo complete. No puedo hacer nada para impresionarlo o hacer que me ame más. Su amor es sólido. Es consistente. No depende de mis acciones. La Biblia dice que Jesús vino al mundo y murió por todas mis transgresiones. Murió en mi lugar. Él me ve como una persona digna, alguien que tiene valor eterno. Si Dios me ama tal como soy con fallas y todo, ¿quién soy yo para sugerir que no soy digno de ser amado? ¿Quién soy yo para cuestionar Su autoridad de proclamar quién y qué soy?

Tú, amigo mío, no eres diferente. Esto es exactamente

cómo Dios se siente acerca de ti. Te ama. No puedes hacer nada para que Dios te ame más. Es imposible que lo impresiones. No importa qué has hecho. No importa cuán bueno o malo eres. Dios te ve con gran potencial para llegar a ser Su hijo o hija. Tienes valía increíble y valor eterno.

Por esta razón Él envió a Su Hijo a morir en la cruz por ti, porque te ve digno de redención. Si Dios envió a Su Hijo hace dos mil años para ayudarte, ¿por qué dejaría la tarea a medias y no te ayudaría hoy? Dios es fiel en completar lo que ha comenzado. Primera de Tesalonicenses 5.24 dice: «El que los llama es fiel, y así lo hará» (NVI). Tú, mi amigo, no eres una excepción a esa regla.

Lee las siguientes Escrituras relacionadas con lo que Dios piensa de Su pueblo. Como un hijo o una hija de Dios, estos versículos tienen la intención de edificarte y animarte.

- «Lo halló en una tierra desolada, en la rugiente soledad del yermo. Lo protegió y lo cuidó; lo guardó como la niña de sus ojos» (Deuteronomio 32.10 NVI).
- «Porque así dice el Señor Todopoderoso: La nación que toca a mi pueblo, me toca la niña de los ojos» (Zacarías 2.8 NVI).
- «Cuídame como a la niña de tus ojos; escóndeme bajo la sombra de tus alas» (Salmo 17.8 NVI).

- «El Padre mismo los ama porque me han amado y han creído que yo he venido de parte de Dios» (Juan 16.27 NVI).

- «He sido crucificado con Cristo y ya no vivo yo sino que Cristo vive en mí. Lo que ahora vivo en el cuerpo, lo vivo por la fe en el Hijo de Dios, quien me amó y dio su vida por mí» (Gálatas 2.20 NVI).

- «Reconoce, por tanto, que el Señor tu Dios es el Dios verdadero, el Dios fiel, que cumple su pacto generación tras generación y muestra su fiel amor a quienes lo aman y obedecen sus mandamientos» (Deuteronomio 7.9 NVI).

- «Así manifestó Dios su amor entre nosotros; en que envió a su Hijo unigénito al mundo para que vivamos por medio de él. En esto consiste el amor: no en que nosotros hayamos amado a Dios, sino en que él nos amó y envió a su Hijo para que fuera ofrecido como sacrificio por el perdón de nuestros pecados. Queridos hermanos, ya que Dios no ha amado así, también nosotros debemos amarnos los unos a los otros» (1 Juan 4.9–11 NVI).

EJERCITA EL HABLAR DE DIOS

Comienza a armar tu autoestima al usar *el hablar de Dios*. Haz tuyos Sus pensamientos. Él inspiró estos versículos bíblicos para animarte y ayudarte, así que aprovéchalos. Haz que Dios sea tu compañero y reescriba tu auto-hablarse, la forma en que piensas; que reformatee el disco duro en tu cabeza y reinvente tu diálogo interno.

El apóstol Pablo reconoce nuestra gran necesidad de cambiar nuestros preconceptos. Escribe en Romanos 12.2: «No se amolden al mundo actual, sino sean transformados mediante la renovación de su mente. Así podrán comprobar cuál es la voluntad de Dios, buena, agradable, perfecta» (NVI).

Como mencioné más arriba, comienza por escribir tu auto-hablarse. Luego contrástalo con lo que Dios dice acerca de ti en Su Palabra. Repítete a ti mismo varias veces durante el día lo que Dios piensa y siente acerca de ti. Después de algunos días, notarás una diferencia significativa en tus actitudes, sentimientos y recursos emocionales.

Si te sientes motivado a la aventura, quizá podrías llevar este método un paso más lejos. Escribe lo que la Biblia dice acerca de ti como un guión. Luego grábalo en tu iPod o cualquier MP3. Cada mañana, al comenzar tu día, escucha de una fuente confiable lo que Dios te dice.

No es necesario que sigas con tus patrones de temor, ansiedad y estrés. Tu futuro no está esculpido en piedra. Dios puede cambiar el curso de tu destino. Cuando tu mente dice que eres indigno, o que eres estúpido, o gordo, o insignificante, recita lo que Dios dice de ti. Reemplaza las mentiras que Satanás quiere que creas con la verdad de lo que Dios dice acerca de ti. Lee Su Palabra. Escucha lo que dice acerca de aquellos que lo aman y siguen. Al comenzar a escuchar *el hablar de Dios* y absorberlo en tu mente, notarás una gran transformación en ti. La paz comenzará a llenar tu mente y espíritu. Notarás que tus recursos espirituales se fortalecen y como resultado, se multiplicarán. La disciplina que necesitas para romper barreras llega a medida que el Espíritu de Dios sigue obrando en ti y edificándote.

IMAGÍNATE ESTO

La oración y meditación en la Palabra de Dios son vitales para alcanzar la paz de Dios. No importa cuales sean los desafíos que te confrontan, tengo buenas noticias para ti. No importa lo que ocurre en tu vida, siempre puedes acudir al Señor en oración. De todas las cosas que puedes hacer, esta es la más esencial. Cuando buscas la paz y no puedes dormir en la noche, habla con Dios. Cuando tu mente está agitada y no puedes calmar las voces ansiosas en tu cabeza, pide ayuda a Dios. Cuando no puedes dejar de pensar en tus problemas financieros y tus temores se intensifican, abre las líneas de comunicación con el cielo y di: «Señor, Tú eres el Príncipe de Paz. Lléname de Tu paz».

Sentirás Su presencia. Sentirás Su paz.

Quizás no tengas la energía para levantar tu voz y pedirle ayuda a Dios. Quizás no sabes cómo orar y hasta es posible que no tengas la fuerza emocional para tratar de hacerlo. Si te sientes así, vuélvete al Espíritu Santo y pídele Su ayuda. Cuando no sabemos qué orar, cuando nos sentimos paralizados y ansiosos, cuando nuestro tanque emocional está vacío, el Espíritu Santo intercede por nosotros. Él viene en nuestra ayuda cuando quedamos «fuera de servicio» en el camino de la vida. Pablo lo resume bien: «En nuestra debilidad el Espíritu acude a ayudarnos. No sabemos qué pedir, pero el Espíritu mismo intercede por nosotros con gemidos que no pueden expresarse con palabras» (Romanos 8.26 NVI).

Al igual que la oración, la meditación nos trae consuelo y estabilidad. Por siglos las personas han meditado sobre diferentes libros de la Biblia. Los Salmos, Proverbios e historias tanto del Antiguo como del Nuevo Testamento son maravillosos para la meditación. Después de leer un pasaje de las Escrituras, repaso la historia bíblica que leí y me imagino como uno de los personajes, como una película; imagino la cultura, el escenario y las diferentes personalidades.

Una de mis historias favoritas para meditar se encuentra en el Nuevo Testamento. Al lado del camino está un hombre que nació ciego. Su nombre es Bartimeo. La aldea es pequeña y todos lo conocen. Ha estado sentado allí mendigando todos los días, por muchos años. Con el pasar del tiempo, el sol le ha bronceado su piel y debido a su condición es incapaz de preocuparse de su apariencia, como correspondería.

El día comienza como cualquier otro. Los olores de los animales del campo cercano inundan el pueblo al levantarse el polvo del camino de tierra, por el lento avance de los caminantes. Con apenas unas pocas nubes dispersas, la temperatura ya alcanza los veintiocho grados Celsius. Se aproxima el mediodía y las mujeres del pueblo empiezan a preparar el almuerzo. Pocas personas le prestan atención al mendigo ciego.

Un ruido inusual comienza a surgir en dirección a Bartimeo. Al correr los minutos, su curiosidad aumenta. Al principio, es incapaz de distinguir el barullo distante. Después de algunos minutos, se da cuenta de que un grupo muy grande de gente se dirige hacia él. Cientos de personas se están moviendo como un lento rebaño por el medio del pueblo. Las personas comienzan a juntarse a la orilla de la calle con la esperanza de descubrir quién está al centro. Voces dispersas a lo largo del camino preguntan: «¿Es un político o un líder religioso? ¿Quién podrá ser?» Aumenta la agitación, pero Bartimeo no puede ver nada. Sólo puede confiar en su oído.

Con la esperanza de saber más acerca de lo que impulsa al gran gentío en un pueblo chico, mueve su bastón, tocando el suelo alrededor de su estera en un intento de descubrir un pie o una pierna. Alguien al lado suyo exclama: «¡Ay!»

«Disculpe», responde Bartimeo. «¿Me puede decir qué pasa con todo este alboroto que viene para acá?»

«La gente de más arriba del camino cree que es el famoso sanador, el que podría ser el Mesías. Lo llaman "Jesús de Nazaret," replica su vecino. «Sí, sí, de hecho es Él. Está pasando "Jesús de Nazaret"».

Sorprendido y entusiasmado, Bartimeo se pregunta a sí mismo: *¿Qué? ¿Jesús de Nazaret? ¿El gran sanador? ¿El Mesías enviado por Dios para ayudar a Israel? ¿Está aquí en mi pueblo y caminando por mi calle?*

El ciego está embelesado. La única persona que sana a los ciegos es Jesús. *Quizás me sanará a mí*, piensa con optimismo.

Al acercarse el gentío, el solitario mendigo empieza a gritar con el resto de aquellos que están a ambos lados del camino: «¡Jesús! ¡Jesús! ¡Jesús!» Cristo llega a quince metros de él. Bartimeo clama a voz en cuello: «¡Jesús, Hijo de David, ten misericordia de mí!»

La gente a su alrededor trata de callarlo. «¡Él es el Mesías. No tiene interés en ti. Tú no eres importante!»

Pero él levanta su voz aun con más desesperación. «¡Jesús, Hijo de David, ten misericordia de mí!»

De repente, Jesús se detiene y se vuelve. El tiempo también se detiene. Todo alrededor de Bartimeo y Jesús queda inmóvil. Los dos están conectados. De alguna manera, de alguna forma, Jesús escucha la súplica del hombre. Logra filtrar todas las otras conversaciones, aclamaciones y ruido ambiental. Se enfoca en la sencilla petición de un hombre. Se vuelve a sus discípulos y dice con autoridad: «Tráiganmelo». Sin vacilar, dos de los discípulos son despachados como un equipo de fuerzas especiales a una misión muy particular. Con facilidad, penetran a través del enorme gentío.

Cuando aquellos que trataron de callar a Bartimeo ven acercarse a los discípulos, instantáneamente se transforman en sus mejores amigos. «Oye, ánimo. El Maestro te llama. Este es tu día de suerte. Ponte de pie». Entonces le ayudan a pararse y amablemente lo acercan a los discípulos, quienes lo guían hacia Cristo. Se abre un camino para que el hombre ciego se encuentre con el Maestro. El barullo se acalla. Jesús y Bartimeo están de pie en un círculo donde cientos de personas los observan en silencio. Jesús mira atentamente al mendigo y hace una pausa durante unos breves segundos.

Anuque Bartimeo no puede ver, siente como si Cristo le auscultara el alma. Lo embarga una ola de calor al ser tocados sus nervios ópticos por un resplandor anaranjado, como si mirara el sol con los ojos cerrados. De pie en el centro de la ciudad, parado en el centro de una gran muchedumbre, y siendo en el centro de la atención, su corazón se agita. Luego, Jesús hace la pregunta que Bartimeo ha estado esperando toda su vida: «¿Qué quieres que haga por ti?»

Responde sin vacilar: «Quiero recobrar la vista».

Jesús estira Su mano y dice: «Recibe la vista; tu fe te ha sanado». Tocando la cara del ciego provoca una reacción molecular instantánea. Los nervios ópticos son estimulados y comienzan por primera vez a enviar señales de vuelta al cerebro. Colores, dimensiones y perspectivas repentinamente son interpretados por la corteza cerebral. Un mundo enteramente nuevo aparece ante los ojos recién curados del hombre. Jesús sonríe, le guiña el ojo y dice: «¡Cuídate y recuerda de darle la gloria a Dios!»

La historia de Bartimeo que aparece en Marcos 10.46–52 es mucho más corta de lo que acabo de describir. Ocupa siete versículos en total. ¿Entonces por qué alargarla? Me ayuda a meditar en la Escritura. Me ayuda conectarme con Dios. Al desarrollar este ejercicio, intento percibir los olores, ver más del paisaje y visualizar aun más de las personas. Trato de imaginarme a mí mismo allí cuando ocurrió. Me ayuda a comprender el amor y la preocupación de Cristo por las personas. Me imagino que soy Bartimeo o uno de los discípulos que trajeron al ciego a Jesús o cualquiera de los otros personajes principales de la historia.

Al tomar el rol de Bartimeo, imagino al Señor sanando mi cuerpo, ayudándome a superar cualquiera ansiedad o temor, dándome la perspectiva para romper mis barreras financieras o ayudándome a ser mejor esposo y padre. Cuando puedo visualizar a Cristo pendiente de mí y demostrándome su apoyo, la paz comienza a llenar mi corazón. Mi reserva emocional comienza a llenarse.

Después recuerdo que si Cristo estuvo dispuesto a detenerse y ayudar a un solitario mendigo, por ejemplo, seguramente estaría dispuesto a ayudarme a mí. Romanos 8.31 dice: «Si Dios está de nuestra parte, ¿quién puede estar en contra nuestra?» (NVI). Si Dios está a mi lado, no importa quién o qué está en contra mío. Si Cristo está de mi parte, entonces puedo descansar en Su paz.

La paz de Dios es la fuerza más estabilizadora en la faz del planeta. Es la antítesis de la ansiedad. Es estar libre de turbulencia mental, espiritual y emocional. La paz de Dios es nuestro punto de partida para ir aumentando nuestros recursos emocionales, lo que nos da fuerzas para romper barreras.

ABROCHA TU CINTURÓN DE SEGURIDAD Y AGÁRRATE COMO PUEDAS

Desde que era un adolescente tuve miedo a volar. Nunca cancelé un vuelo a causa de mis temores, pero cada vez que caminaba hacia el avión, comenzaba a orar. Al cruzar el umbral de la puerta de embarque de la aeronave, ponía mi mano en la parte exterior del fuselaje y le pedía al Señor que protegiera al aparato de cualquier falla mecánica y errores del piloto. Durante cada vuelo, tenía los nervios destrozados.

Una noche volé desde Los Ángeles a San José, Costa Rica, con una corta escala en la Ciudad de Guatemala. Después de una hora para reabastecer combustible y descargar y cargar pasajeros, seguimos el viaje. A eso de las 6:00 a.m., el avión comenzó a rodar por la pista de concreto hasta girar en 180 grados y ponerse en línea para el despegue. El piloto recibió la luz verde de la torre de control que autorizaba la salida. Los motores del Boeing 757 se aceleraron y, soltados los frenos, comenzamos a deslizarnos por la pista. Me pareció que la tracción de los motores aplastó a todos contra sus asientos con más fuerza que lo acostumbrado. Cada segundo, esta sensación fue mayor hasta que por fin estábamos volando.

En los primeros miles de metros, volábamos por cielos nublados. Ya a los 2100 metros, la nariz del ave metálica de 109.000 kilos traspasó las nubes y pudimos ver el sol por primera vez ese día. ¡Qué hermosa vista! No hay nada parecido a emerger de debajo de las nubes y ver los cielos de azul cristalino. Partimos hacia el norte, así que comenzamos a ladearnos hacia la derecha rumbo hacia el sur, a San José.

Los asistentes de vuelo sacaron sus carritos y comenzaron a servir café y el famoso maní de las líneas aéreas, atenciones que ya casi han desaparecido. De pronto, el piloto anunció eso que a todos nos encanta oír: «Tripulación, por favor sentarse inmediatamente con sus cinturones de seguridad abrochados». En mi mente eso sólo significa que estamos próximos a volar a través del aire más inestable del mundo, y aunque los asistentes de vuelo sean expertos en manejar su andar a lo largo del pasillo en medio de la turbulencia, la tormenta a la que estábamos por entrar no la habían vivido. Así que rápidamente volvieron sus carritos a la cocina y abrocharon sus cinturones de seguridad.

De repente, el avión descendió unos nueve metros y comenzó a bailar por todo el cielo. En todos mis años volando, nunca había experimentado un vuelo así. Los pilotos me han explicado que existen tres etapas de turbulencia: liviana, moderada, y *agárrate como puedas*. ¡Definitivamente estábamos en la etapa tres!

La aeronave comenzó a ladearse hacia la derecha y descendió en picada. Los pasajeros de la cabina principal gritaban. La dama sentada al lado mío vio su taza de café volar por los aires y derramarse en la falda. En medio del caos, por alguna extraña razón, la señora al otro lado del pasillo pensó que era el momento apropiado para sacar su maquillaje y colocarse lápiz labial. Cuando vi el rojo «Sassy Spice» que cubría parte de su nariz y mejillas, no pude evitar reírme por un instante. Sin embargo, hubo una buena noticia en todo esto: nadie hizo fila para usar el baño.

¡Todo esto a 800 kilómetros por hora!

La turbulencia siguió y también las voces de pánico en mi cabeza. No sé qué es peor: la muerte o el temor a la muerte. Finalmente, en mi desesperación, cerré los ojos, apreté los apoyabrazos y comencé a orar. Mi oración no sonaba como la de un poderoso hombre de fe. Definitivamente no proyectaba autoridad. En vez de eso, expresaba algo así como: «Ayúdame, Dios. ¡Realmente no quiero estrellarme en la jungla centroamericana!»

Entonces vino a mi mente un versículo bíblico: «No temas, porque yo estoy contigo; no te angusties, porque yo soy tu Dios. Te fortaleceré y te ayudaré; te sostendré con mi diestra victoriosa» (Isaías 41.10 NVI). En ese momento, Dios me ayudó a dar vuelta la esquina, una esquina en mi fe y en mi fuerza. Su presencia vino a mí mientras oraba y pensaba en ese versículo. Los pensamientos de Cristo comenzaron a fluir por mi mente a medida que el Espíritu me traía consuelo y estabilidad. Sentí una fuerte impresión en mi corazón, como que Él me dijera: «Está bien, está bien, sólo cálmate. Nada le va a pasar a este avión. Yo te sostendré con mi diestra fuerte».

El tercer pilar, la disciplina del Espíritu, nos da las fuerzas para comportarnos de manera controlada y calmada aun en una situación difícil o estresante. El Espíritu me ayudó a experimentar Su paz a pesar del hecho que estaba justamente en una situación muy difícil.

Mientras seguía orando, algo maravilloso ocurrió. El avión comenzó a nivelarse. Sentía como si hubiéramos aterrizado. No hubo más movimientos y dentro de unos minutos, los asistentes de vuelo reasumieron el servicio en vuelo. Amablemente ayudaron a mi vecina a limpiar el café derramado y también trajeron una toalla húmeda para la recién descubierta artista del maquillaje. El vuelo siguió agradable hasta que llegamos a nuestro destino.

Aprendí varias lecciones importantes de esta experiencia. Mi vida, en última instancia, está en las manos de Dios. Si he completado mi propósito en la tierra, no hay necesidad de quedarme más tiempo aquí. Si no lo he hecho, entonces Dios me tendrá hasta que lo complete. Allí, a diez mil metros de altura, fui reconectado al propósito Suyo para mi vida.

Dios me ayudó a ver que Su voz es mejor para mí que la mía. En vez de liberar pensamientos de pánico, decidí escuchar lo que Dios tenía que decir acerca de la situación.

Finalmente, me mostró que cuando todo está fuera de control, lo único que podemos hacer es orar. A veces no podemos llamar al 911. A veces no hay solución inmediata. Todo lo que podemos hacer es clamar a Su nombre; Él nos oye. Esta es una gran noticia. En medio de la tormenta, cuando no nos queda nada, Él está más que dispuesto a abrazarnos y darnos paz.

Otra cosa milagrosa ocurrió en ese vuelo. El Espíritu me

ayudó a experimentar la paz en medio de la tormenta y como resultado, mi reserva emocional se volvió a llenar. Mi fuerza volvió y con ella mi habilidad de ver claramente. Hoy ya no soy un esclavo del temor a volar.

¿Por qué fue esa una victoria tan importante? Sería difícil avanzar en mi vida sin volar. ¿Cómo podría viajar internacionalmente sin subirme a un avión? ¡El Espíritu me dio la paz que superó la barrera!

Muchas de las páginas de este libro fueron escritas a diez mil metros de altura. Aunque a veces volé por tiempo turbulento, experimenté la paz de Dios y encontré la disciplina para traerte este libro.

Pablo comprendía cuán importante era la paz para aquellos que enfrentan barreras. En Romanos 8.6 escribió: «La mentalidad pecaminosa es muerte, mientras que la mentalidad que proviene del Espíritu es vida y paz» (NVI).

Sigue en el versículo 15: «Y ustedes no recibieron un espíritu que de nuevo los esclavice al miedo, sino el Espíritu que los adopta como hijos y les permite clamar: ¡Abba! ¡Padre!» (NVI).

¿Alguna vez te has sentido tan agobiado por las presiones de la vida que ya no das más? ¿Has sentido que tus fuerzas han disminuido a cero? Si es así, la mejor forma de fortalecer tus recursos emocionales es pedir la paz de Dios. Al hacerlo, tendrás la energía para poner en acción lo que sabes que es bueno y sabio.

Ser compañero de Dios en la turbulencia de la vida trae serenidad, estabilidad y paz a nuestras almas.

CONOCE LO RECTO, HAZ LO RECTO, SÉ RECTO

Tener disciplina es hacer lo que sabes que está bien en medio de una tormenta emocional. Es hacer lo que sabes que es correcto en medio de la apatía. Es hacer lo que sabes que debes hacer cuando nadie está dispuesto a ayudarte. A través de valles y montañas, por altos y bajos y frente al temor y el pánico, la disciplina del Espíritu nos da fuerzas para poner en acción diariamente lo que sabemos que es bueno y sabio.

Fuiste creado con un gran propósito y un destino. Dios te ama y tiene planes maravillosos para tu vida. Te hizo con talentos y dones. Nadie más fue hecho como tú. Tú, mi amigo, eres único, creado por Dios para alcanzar tu máximo potencial y dar la gloria a Dios.

Al concluir este capítulo, quiero animarte a cuidar de ti mismo como lo haría Dios. Cuida de tu espíritu leyendo la Biblia, orando y adorando al Señor. Cuida tus emociones buscando la paz de Dios y reemplazando las sensaciones negativas que rondan en tu cabeza, con los pensamientos de Dios. Por último, me gustaría agregar algo igualmente importante, aunque reconozco que pertenece a otro libro. Te animo a cuidar tu cuerpo, comiendo apropiadamente, descansando y durmiendo lo suficiente. El practicar estos hábitos te ayudará a establecer la disciplina de Dios en tu vida.

El próximo capítulo examina las formas para desatar el poder del Espíritu en nuestras vidas. Miraremos perspectivas que nos ayudarán a desarrollar el dominio propio en todas las áreas. Cuando concluyamos, habremos puesto el tercer pilar. Los tres obrando juntos en tu vida te darán el poder para estar en lo correcto, conocer lo correcto y hacer lo correcto. Juntos, te permiten romper toda barrera. ¡Y como resultado de vivir los principios establecidos en este libro, experimentarás una vida llena de sentido y significado!

Volvamos nuestros corazones hacia el Señor y pidámosle que nos ayude a ser personas disciplinadas, con fuerza para implementar lo que es bueno y sabio. Al hacer esta oración, imagina al Señor sonriendo en aceptación de tu ruego.

Amado Señor, una vez más te pido ayuda. Tantas veces me encuentro débil e incapaz para poner en marcha lo que sé que es correcto. Ayúdame a alejarme de mis temores y ansiedades para que Tú puedas hacer crecer mi fuerza emocional. Quiero que mi autoestima esté basada en Tu confianza y en la forma que Tú me ves. Muchas veces me siento indigno como persona y pienso que otros son mejores que yo. Sé que tu Palabra dice que me amas de todos modos. Así que cambia la forma en que pienso y siento. Ayúdame a tener Tus pensamientos. Ayúdame para que me vea como un hijo de Dios. Mi memoria ha sido contaminada con patrones destructivos que me pesan como un enorme lastre. Mis reflexiones han sido negativas y sé que deseas cambiar la forma en que pienso. Tú, Oh, Señor, me puedes ayudar a cambiar.

Te pido que edifiques mi confianza y me ayudes a ser disciplinado y piadoso. Quiero ser una persona buena y sabia, como fue Tu intención. Sobre todo, ayúdame a exaltar Tu nombre en cada área de mi vida y que cada barrera que rompa traiga gloria y honor a Tu nombre. Pido estas cosas en el nombre de Cristo. Amén.

CAPÍTULO 7

Desatando el poder del Espíritu en tu vida

E L ACCIDENTE FUE horrible. El domingo aproximadamente a las 11:00 a.m., un camión volcador traspasó la doble línea amarilla y convirtió al Land Rover Defender 2000 en un montón de chatarra. Nuestro querido amigo y fotógrafo oficial de las cruzadas, Armando Rojas, quedó atrapado por más de 20 minutos, mientras los bomberos luchaban por rescatarlo de entre los fierros retorcidos. El vehículo pesado transportaba tierra a una localidad remota y al doblar en una curva de la carretera, el peso de la carga hizo que el eje delantero se partiera en dos. Las ruedas delanteras se rompieron de inmediato, forzando al camión de treinta toneladas a virar bruscamente fuera de control y hacia el tráfico que venía en dirección opuesta.

Fue un milagro que Armando no muriera allí mismo, víctima del tremendo impacto frontal. Estaba en una difícil posición, inconsciente y necesitado de atención médica urgente, pero aún respiraba. Una vez liberado de entre los fierros, los paramédicos lo trasladaron al hospital donde descubrieron que uno de sus pulmones estaba perforado y se le diagnosticaron severas y múltiples fracturas en todo el cuerpo.

Recibí la noticia cuando aterrizaba en Los Ángeles para alcanzar mi conexión a Costa Rica.

Mi corazón se contrajo. La condición de Armando empeoraba. Al principio los médicos pensaron que tendrían que amputarle uno de sus brazos, pero descubrieron que sus riñones estaban dejando de funcionar, por lo que no tendría sentido, pues creían que moriría irremediablemente.

Después de volar casi diez horas, llegué finalmente a Costa Rica a las 7:15 del lunes, en la mañana. Recibí unos cinco mensajes de varias fuentes pidiéndome que fuera al hospital a orar por Armando. Sus dos hermanos y su hermana estaban en shock y sus colaboradores aún no lo podían creer. Lamentablemente, yo luchaba con un resfrío y no me permitieron entrar al hospital. No sabía que sería mi única oportunidad de verlo. A la mañana siguiente su condición seguía declinando. Llamé a su hermano Alex y le expliqué que estaba demasiado enfermo para ingresar al hospital. Él entendió y me lo expresó con mucha amabilidad.

El miércoles en la mañana, alrededor de las ocho, Armando pasó a la eternidad. Los miembros del equipo de la cruzada no lo podían creer. Ondas de shock se expandieron por todo el país. La muerte de Armando fue difícil de comprender. El hombre que había tomado cada foto de las llamadas al arrepentimiento, que había viajado a cada ciudad, incluso en otros países y que nos había hecho sonreír con su gentileza y calidez, ya no estaba con nosotros. Había partido por anticipado a la presencia del Señor.

Mientras permanecía en el funeral, recordé cuando conocí a Armando en su estudio de fotografía, en el otoño de 1996. Él era uno de los mejores fotógrafos de Centroamérica y le pedimos que tomara nuestra foto familiar. Más tarde le solicité sus servicios para llevar el registro fotográfico de la siguiente cruzada.

El primer evento que cubrió fue uno realizado en Barranca, Costa Rica. Miles de personas asistieron para oír las buenas nuevas de Cristo y él fotografió a cientos y cientos de personas que decidían entregar sus vidas al Señor. Después nos dijo: «Nunca he estado en ningún evento como éste. No he ido a una iglesia desde que era niño. Recibí buenas "ondas" esta noche». Por supuesto que entendí lo que quería decir. Dios comenzaba a llamar a la puerta de su corazón.

Decidí que Armando fuera nuestro fotógrafo oficial. Le entregué la camiseta y la gorra del ministerio. Aunque no había hecho un compromiso con Cristo, sabía que Dios tenía algo maravilloso para su vida. Con el paso de los años, de vez en cuando me compartía las luchas que tenía. Una vez me llamó y me pidió que fuera a su oficina a orar por él para que dejara de beber. En forma lenta pero segura, Armando comenzó a reconocer que necesitaba que Jesús rompiera sus cadenas y lo liberara.

Una noche estábamos en una de las más grandes cruzadas. Era un estadio interior ubicado a varios kilómetros del corazón de una de las principales ciudades del distrito metropolitano. La última noche de la cruzada, hice una invitación y vi que miles de personas pasaban adelante en busca de salvación. Pensé: *¡Esto es grandioso! ¡Nadie lo capturará como el lente fotográfico de Armando!*

Mientras miraba hacia la caseta de sonido, vi la cámara de Armando tirada al lado de la mezcladora de sonido. Quedé perplejo. Le hice señas a nuestro ingeniero de sonido: *¿Dónde está Armando?* Me hizo señas de vuelta. Miré hacia el frente. Allí estaba a un metro y medio de mí, con lágrimas que rodaban por su cara, aceptando gloriosamente a Cristo y pidiéndole perdón a Dios. Bajé de la plataforma y oré con él. ¡Qué experiencia más conmovedora!

Con cada cruzada que pasaba, la fe de Armando se profundizaba. Vi cambiar su carácter, aumentar su fe y crecer en Cristo. Cada vez que iba a su estudio para buscar material de la cruzada, me recibía con un abrazo y gran entusiasmo. Vi las cadenas del alcoholismo romperse por el poder de Dios. Vi la esclavitud a la conducta adictiva comenzar a hacerse añicos. Vi a Dios restaurar su vida y llevarlo a lugares aun más altos como uno de los fotógrafos más talentosos del mundo. De todos sus logros, sin embargo, el mayor fue obtener su relación con Cristo.

Sentado en el funeral, recordaba la última vez que hablamos, una ocasión muy similar a aquella en que nos conocimos en su estudio. Justo dos meses antes del accidente, mi esposa, nuestras niñas y yo fuimos para otra sesión fotográfica de familia. Nos recibió con gran hospitalidad, como de costumbre, pero antes de que saliéramos, se volvió a mí y dijo: «Jason, tengamos una palabra de oración juntos». Qué contraste con la primera vez que lo contacté. ¡Qué transformación más santa. Sólo Dios puede cambiar así las vidas!

Después de aquella noche en que se comprometió con Cristo, Armando comenzó a orar, leer la Palabra y creer para victoria acerca de la barrera del alcoholismo. Como resultado, el corazón de Dios comenzó a formarse dentro de él. Escuchó el consejo santo de otros y así asimiló sabiduría santa.

Cuando lo conocí, estaba lleno de ansiedad y tenía dificultades para manejar sus emociones, pero por medio de su conexión con Cristo, encontró la paz de Dios, lo que elevó el nivel de sus recursos emocionales. A medida que desarrolló dominio propio espiritual, su resistencia comenzó a crecer. Llegó a ser más productivo y creativo. Además, siempre estaba implementando consecuentemente lo que sabía que era santo y sabio. A medida que Dios le hizo más disciplinado, pudo pasar la barrera del alcoholismo y enfocarse en el propósito divino que el Señor le mostró.

Como devoto seguidor de Cristo, viajó a varios países de Latinoamérica, además de los Estados Unidos, capturando con su cámara de treinta y cinco milímetros lo que pocos ojos han visto, lo que le permitió ganar varios galardones. A la edad de cuarenta y siete años, se podría decir que Armando Rojas era el mejor fotógrafo de Centroamérica.

A pesar de todos sus éxitos y notoriedad internacional, nunca permitió que su estudio sirviera exclusivamente a ricos y acaudalados. Al contrario, siguió fotografiando a todo los colegios que le pedían fotos individuales de los alumnos y cursos. Tomó cada fotografía de las fotografías del colegio de mis niñas, hasta el día en que murió. Sin duda, Armando Rojas rompió sus barreras, superó la adversidad y alcanzó su máximo potencial. En sus últimos años, llegó a estar altamente consciente de que Dios le había dado la habilidad para capturar la vida cotidiana de manera hermosa por medio de su cámara Nikon.

La historia de Armando nos muestra que además de un corazón santo y sabiduría, para romper las barreras también necesitamos la disciplina de Dios y así ejecutar lo que sabemos que es bueno y sabio.

Una disciplina santa es la habilidad para poner en práctica de manera consecuente lo que sabemos sobre la voluntad de Dios en nuestras vidas. Una vez que tenemos un corazón santo y suficiente sabiduría, podemos comenzar a edificar la fuerza y disciplina del Espíritu Santo para completar cualquier tarea que enfrentemos.

IDEAS PRÁCTICAS PARA DESARROLLAR DISCIPLINA ESPIRITUAL

Cuando nos viene a la mente el término «dominio propio espiritual», la mayoría de nosotros imaginamos las acciones clásicas como oración, estudio bíblico, memorización de las Escrituras, compañerismo, ayuno y compartir nuestra fe. Aunque hemos tocado varios de estos temas de una manera u otra en capítulos previos, vale la pena volver a revisarlos. A este punto de nuestro viaje, debo preguntar: *¿Qué debes saber para romper barreras?* Las siguientes disciplinas prometen ser de mucha ayuda en tu búsqueda para establecer firmemente el tercer pilar y es mi esperanza que las apliques en todas las áreas de la vida. Estas disciplinas te otorgarán el poder para obtener la victoria sobre los desafíos que enfrentas. Comencemos con la más esencial: la oración.

1. La disciplina de la oración

De todas las disciplinas espirituales, la oración es la más fundamental y necesaria. Es la forma primordial en que nos comunicamos con Dios. La oración es el modo en que expresamos nuestra adoración, acción de gracias, confesión, intercesión y deseos a nuestro Padre Celestial.

¿Por qué es tan importante la oración? Porque es absolutamente crucial en el proceso de desarrollar nuestra conexión con Dios. Sin la oración no podemos mantener nuestra relación con Él. No existe substituto. Y además, Él desea que lo hagamos (ver 1 Tesalonicenses 5.16-18).

La oración nos trae guía y dirección y nos lleva a la presencia de Dios sin importar quienes somos. Piensa acerca de esto por un momento. No importa qué asunto enfrentas, siempre puedes orar al respecto. Puedes pedir al Señor Su guía y dirección y puedes esperar una respuesta. La Escritura dice: «Por eso, desde el día en que lo supimos no hemos dejado de orar por ustedes. Pedimos que Dios les haga conocer plenamente su voluntad con toda sabiduría y comprensión espiritual» (Colosenses 1.9 NVI).

La oración puede cambiar las circunstancias, así como a las personas. Definitivamente, nos cambia a nosotros. La oración conecta nuestra voluntad con la de Dios para que podamos ver lo que es bueno y sabio.

Jesús hizo de la oración una prioridad en Su vida. Para Él, la oración no era sólo un encuentro ocasional con Dios, era su hábito. Se comprometió a pasar, diariamente, un tiempo con su Padre Celestial: «Él solía retirarse a lugares solitarios para orar» (Lucas 5.16 NVI).

A veces oraba en la mañana (ver Marcos 1.35), otras en la noche (ver Mateo 14.23). Jesús oraba antes y después de grandes eventos, en medio del desierto, en el jardín y en lugares solitarios. Su ejemplo me ha enseñado una lección importante: ¡ninguna hora es inadecuada para orar y ninguna hora es mejor que ahora! Sirve como un maravilloso modelo de conducta para vivir una vida disciplinada de oración.

CUANDO NO PARECE HABER SALIDA

«Definitivamente no existe modo en que vuelvan a Estados Unidos esta semana». Esas fueron las palabras de una funcionaria de una empresa de transportes estadounidense en el Aeropuerto Internacional de Buenos Aires. La mujer argentina de unos treinta años estaba muy segura de que la línea aérea no iba a volar por lo menos durante los próximos ocho días. «Pueden salir del país por otra empresa, pero no hay vuelos a los Estados Unidos». Mi esposa y yo estábamos parados frente al mostrador, maletas en mano y sintiéndonos muy desilusionados. Considerando los terribles hechos que habían ocurrido antes de nuestro vuelo de regreso, era comprensible. El día anterior diecinueve secuestradores habían requisado cuatro aviones en el más terrible ataque terrorista de la historia y como resultado de la crisis internacional, todos los vuelos a Estados Unidos estaban cancelados o desviados. Después de pasar una semana memorable en Argentina, estábamos atrapados y sin importar lo que hiciéramos, parecía no haber salida.

Antes de llegar a Argentina, habíamos salido desde Costa Rica hacia Los Ángeles, para dejar a nuestras tres niñitas con los abuelos y tomar luego el vuelo de once horas sobre la curvatura de la tierra. El esfuerzo evangelístico y la conferencia ministerial fueron refrescantes, pero la estadía llegó a un abrupto e inquietante fin. La mayoría de las personas que vieron las espeluznantes repeticiones en cámara lenta de los aviones chocando con los edificios querían estar cerca de sus familias.

Cindee y yo no éramos la excepción. Lo único en lo que podíamos pensar era en ir a casa y tomar en brazos a nuestras hijas.

Necesitábamos la ayuda de Dios. Necesitábamos Su dirección. Así que oré, mi esposa oró y decidimos pedir refuerzos espirituales. Necesitábamos que Dios abriera una puerta y presentarnos ante Él por medio de la oración era la única forma de lograrlo. Cindee ingresó a un computador con conexión a la Internet por tres dólares el minuto y deletreó un e-mail a su padre. Le explicaba nuestro aprieto y le pedía compartirlo con cualquiera que lo llevara ante el Señor. Él lo reenvió inmediatamente a un grupo especial de intercesores que tenían una vida de oración disciplinada. Con un clic del mouse, miles de personas alrededor del mundo comenzaron a orar por nuestra situación.

Al llegar la noche más personas se unieron a la cadena de oración. Entonces, el Señor me dio una idea. «Quizá no debiéramos buscar un vuelo a Los Ángeles. Quizá lo mejor sería volar a Tijuana y caminar al otro lado de la frontera».

A las 21 horas, recibí una llamada de un agente de viajes local diciendo que había un vuelo desde Argentina a la Ciudad de México a la 1:30 de la madrugada. «¡Lo tomaremos!», dije. El ojo-rojo nos llevó de vuelta al continente norteamericano y debo admitir que volar el 13 de septiembre de 2001 fue un poco terrorífico. Por nueve horas nunca saqué los ojos de la puerta de la cabina de mando.

Entretanto, muchas personas alrededor del mundo seguían orando por nosotros. Algunos tuvieron la disciplina de hacerlo en las primeras horas de la mañana, así como el Señor. Le pidieron a Dios que nos mantuviera seguros durante nuestro vuelo y nos ayudara a encontrar un vuelo desde Ciudad de México a Tijuana el día siguiente. Aunque no había asientos disponibles para el último tramo, oraron por una puerta abierta.

Después que aterrizamos en Ciudad de México, llamé a mi suegro y le pedí que pusiera al día a los intercesores por e-mail. Ellos siguieron orando. Llamamos a nuestro agente de viaje, esperando oír que no había asientos disponibles, pero en vez de eso dijo: «Podrían volar de emergencia, pero existe un problema. El último vuelo que sale para Tijuana está al otro lado del aeropuerto de Ciudad de México y ¡lo están abordando ahora! Antes de que terminara la frase colgué y corrimos tan rápido como pudimos a pesar de que nos encontrábamos a casi dos mil quinientos metros sobre el nivel del mar. Llegamos a la salida sin aliento justo antes de que cerraran la puerta. De hecho, había dos asientos disponibles, uno delante de la aeronave y el otro atrás. El vuelo de tres horas y quince minutos nos llevó a la ciudad enclavada en la esquina occidental superior de México. Quedaba a tiro de piedra de la frontera con San Diego.

Mi suegro manejó hasta Tijuana para recogernos. Nos dirigimos a la frontera donde veintenas de agentes del FBI examinaban cuidadosamente cada persona y vehículo. Después de esperar en fila por dos largas horas, finalmente cruzamos la frontera. Esa noche nos reunimos con nuestras niñas y dentro de una semana estábamos de vuelta en Costa Rica.

Cuando las personas me preguntan cómo volvimos, respondo: «Volvimos a casa en las espaldas de las oraciones de aquellos que viven una vida espiritual disciplinada». La oración funciona. Cambia las circunstancias, las personas y definitivamente nos cambia a nosotros.

Haz de la oración una disciplina diaria y cada área de tu vida será grandemente beneficiada. Si deseas romper las barreras que te separan de lo que Dios ha destinado que seas, pídele al Señor guía y dirección todos los días. «El Señor se mantiene lejos de los impíos, pero escucha las oraciones de los justos» (Proverbios 15.29 NVI).

Esta es la base sobre la cual edificamos todas las demás autodisciplinas espirituales. Edificar una vida de oración disciplinada abre las líneas de comunicación con Dios de modo que puedas desarrollar la siguiente disciplina: el escuchar la voz de Dios. Un tema es hablarle a Dios. Otra cosa es escucharle.

2. La disciplina de escuchar la voz de Dios

¿Cómo sabes cuando Dios te habla? Esta es la pregunta que la gente hace más que ninguna otra. No importa cómo lo enfrentamos, la respuesta es diferente para todos porque Dios nos habla a cada uno de diferentes maneras.

Déjame comenzar diciendo que Dios quiere que afines tus oídos espirituales para escuchar Su dirección en tu vida. La Biblia dice: «Reconócelo en todos tus caminos, y él allanará tus sendas» (Proverbios 3.6 NVI). La habilidad de discernir Su voz te ayudará a romper barreras y superar la adversidad. Creo que Dios desea ayudarte amorosamente a desarrollar esta maravillosa disciplina.

En la Biblia, la frase: «el Señor dijo» o «Dios dijo» aparece más de 350 veces. Podemos estar seguros de que Dios sigue comunicándose con nosotros hoy, porque Él dice: «Mis ovejas oyen mi voz» (Juan 10.27 NVI). Sin embargo, la pregunta sigue allí: ¿Cómo sabemos que es el Señor quien nos habla?

Existen cuatro formas bíblicas para ayudarte a discernir si el Señor te está hablando. Estos estándares bíblicos sirven de filtros y necesitamos sabiduría santa para usarlos correctamente. Por eso es vital tener firmemente establecido en nuestras vidas el segundo pilar. La sabiduría santa nos ayuda a separar la voz de Dios de la sarta de tonterías que evocamos o recibimos de otra persona. Hablaré de estos filtros en unos minutos.

Ahora, podríamos sentir que el Señor nos está hablando por medio de la Escritura. Esta es quizás la forma más común. Leemos algo que salta de la página y pensamos: «*Wow, eso es justo lo que necesitaba oír.* Quizás escuchamos un sermón y decimos: *Me estaba hablando directamente a mí. ¡Ese mensaje me cambió la vida!* Otras veces podemos estar a solas y sentir una fuerte impresión de que Dios quiere que hagamos algo o aceptemos una verdad específica. Para los propósitos de esta sección acerca de desarrollar el dominio propio espiritual, hablaré de lo que comúnmente se conoce como «ese silbido apacible o voz quieta y suave».

En mi caso, nunca he escuchado una audible voz de trueno que diga: «¡Así dice el Señor!» Eso sería grandioso, pero no he tenido tal privilegio. Al contrario, Dios me habla en la forma de una voz quieta y suave, casi un leve toque que no puede ser ignorado y que, con el tiempo, se hace más y más audible.

Podríamos describirlo como un pensamiento, una convicción o una dirección que nos conecta con lo que comúnmente llamamos nuestro *sexto sentido* y coincide con lo que creemos que es correcto. Fluye en armonía con el primer pilar, nuestra misión y razón de ser. Permíteme identificar y explicar los filtros.

Filtro uno: Cuando recibo esta sensación, me formulo una serie de preguntas para confirmar si lo que siento es de Dios o simplemente se debe a la pizza que comí la noche anterior. Primero, comparo ese toque con mi percepción de Dios. ¿Esto es algo que mi Padre Celestial me diría? ¿Es pertinente a Él? ¿Está de acuerdo con mi hilo dorado? ¿Es congruente con el primer, segundo y tercer pilar en mi vida? ¿Es algo que debo buscar en la Biblia?

Filtro dos: Comparo la impresión con lo que la Biblia dice. ¿Es bíblico? ¿Qué responde Dios en la Biblia a otros hombres que enfrentaron circunstancias como la mía?

Filtro tres: Pregunto si este toque requiere que yo quebrante la ley o me traerá daño a mí mismo o a aquellos que se verán afectados por mis acciones (ver Proverbios 28.4; 1 Juan 5.17). La Palabra de Dios nunca nos lleva por un mal camino ni instiga a la maldad. Al contrario, anima, exhorta, levanta y bendice. Cualquier cosa contraria a esto debe escudriñarse cuidadosamente. No estoy sugiriendo que la Biblia no corrija nuestro comportamiento, no nos convenza de pecado o no nos lleve al arrepentimiento. De hecho, la Palabra siempre nos animará a vivir vidas santas en el temor de Dios. Pero la Biblia nunca nos guía por caminos dañinos o peligrosos, ni para nosotros mismos ni para otros.

Filtro cuatro: Pido retroalimentación de líderes cristianos, incluyendo aquellos de mi grupo de responsabilidad, colegas ministros y mi equipo de liderazgo. Si todas las respuestas concuerdan, entonces me siento bastante confiado de que se trata de algo que el Señor ha puesto en mi corazón.

Así que como respuesta a la persona que me diga: «Dios me dijo que saltara de un puente», le preguntaría: «¿Cuántas veces te ha dicho que hagas eso? ¿Tiene una base bíblica? ¿Quebrantará la ley o se considerará dañino? ¿Estaría de acuerdo tu pastor o líder espiritual?» Pasar tal declaración por estos cinco filtros nos lleva a una conclusión obvia.

Hace varios años, necesitaba una voz talentosa para presentar mi programa de radio y la cuña musical. Sabía que no hay nada mejor para presentar un programa que una voz reconocida por todos, una que tenga peso. Pero no tenía ninguna pista y no sabía por dónde empezar. Por lo tanto, oré.

Tarde esa noche, mi esposa y yo estábamos en cama mirando televisión cuando apareció un comercial Geico. En él, una mujer rubia de mediana edad aparecía en su cocina.

Detrás de ella, un hombre calvo con aspecto distinguido estaba parado frente al micrófono, usando auriculares y vestido con pantalones blancos y una camisa amarillenta con botones. El narrador anunció que ella era una auténtica cliente de Geico y que habían traído «ese locutor de las películas» para contar su historia.

Quizás no conoces su nombre, pero has escuchados su voz. Su nombre es Don LaFontaine, el más famoso presentador de sinopsis de cine en la historia cinematográfica de Hollywood. En cuanto la mujer terminó la primera línea del comercial, la atención cambió a él. Este repitió lo que ella había dicho pero con un dramático fondo musical y una profunda voz que fue inmediatamente reconocida como la misma que millones de nosotros hemos oído los últimos treinta años.

Apenas escuché su voz pronunciando la frase de cortina, «en un mundo», tuve en mi corazón una fuerte impresión que me dijo: *¡Allí está tu voz!*

Algo estupefacto, pensé, *No estoy seguro de lo que debo hacer con eso.* No supe cómo responder. Debería llamarlo y decirle: «Hola, mi nombre es Jason Frenn. Necesito una voz talentosa y después de orar, ¿debo suponer que tú tienes la voz que busco?» Eso no sólo suena extraño sino que algo loco. Así que me quedé acostado por unos treinta minutos. Sin embargo, una cosa era segura: la sensación creció. Así que me levanté y busqué en Google sobre la voz maestra.

Descubrí que el señor LaFontaine tiene en la industria el sobrenombre de «la voz de Dios». Ha grabado aproximadamente cinco mil sinopsis de películas desde la década de los '60. Está demás decir que demandó coraje llamar a su agente el próximo día laboral. Durante el fin de semana hablé con algunos de mis amigos más cercanos y les conté lo que sentía que debía hacer. Ninguno pensó que recibiría una respuesta positiva, aunque nadie me dijo que no debía hacerlo.

En la mañana del siguiente día laboral, llamé a la agencia. La recepcionista respondió gentilmente y me conectó con el asistente ejecutivo, el que fue lo suficientemente amable como para permitirme dejar un mensaje en el buzón de voz de su agente. Hasta el día de hoy nadie me ha devuelto la llamada. ¿Estoy ofendido? Para nada. Así es Hollywood. Aparte de la información de contacto con su agente, encontré direcciones electrónicas generales para el Sr. LaFontaine. Siempre dudé que pudiera recibir mi petición. Después de todo, alguien tan famoso, con toda seguridad tendría un asistente personal, un publicista y un director técnico, además de su agente para filtrar solicitantes no lucrativos como yo.

La percepción, sin embargo, era persistente. No podía ignorarla.

¿Era bíblica? No, pero *no* era no bíblica.

¿Estaba alineada con mi hilo dorado? ¿Se condecía con los pilares primero, segundo y tercero? Sí. El motivo detrás de la petición era promover un programa de radio para alcanzar a la gente.

¿Era algo que Dios me pediría a mí? Si me pidió dejar de vivir en los Estados Unidos por más de diecisiete años para

223

servir como misionero en Centroamérica, lo que había hecho, creí que era absolutamente admisible.

¿Era una petición ilegal o dañina? Absolutamente no.

Así que para satisfacer mi conciencia ante el Señor, redacté una carta pensando para mis adentros: *Bueno, después de que mande este e-mail, queda todo en manos de Dios.* El mensaje era corto y preciso. La hora marcada en el e-mail era 6:39 p.m., Agosto 31, 2006. La próxima mañana, Septiembre 1, a las 11:03 a.m., había un e-mail suyo en mi bandeja de entrada con una frase. Leí: «Jason, envíeme una copia y tendré mucho agrado en grabar para usted. Don».

En ese mismo momento caí en shock. Debo haberme quedado mirando la pantalla del computador por cinco minutos, completamente desconcertado. Cuando se me pasó la conmoción, la verdadera tarea se hizo evidente y una sensación de urgencia me golpeó. ¡Tenía que escribir un texto para el rey de los locutores comerciales y lo tenía que hacer rápido! *¿Qué es lo que podría decir?*

Cuidado con lo que pides en oración, amigo. Podrías recibirlo.

Escribí el texto dentro de cinco minutos con una cláusula bien trabajada reiterando el hecho de que era ministro y que necesitaría algo de tiempo, quizá tiempo extendido, para cubrir sus honorarios. Envié el e-mail alrededor del mediodía. A las 1:19 p.m. había otro e-mail en mi bandeja con un archivo de audio, un MP3, adjunto. De nuevo, había una frase en el texto del e-mail. Leí: «Jason, aquí está… que te vaya muy bien. Don».

Cuando le pregunté cuánto le debía, respondió que nada. Cuando le pregunté si podía usar la misma grabación para nuestros especiales de televisión, respondió: «Ningún problema. Me alegra poder prestar mi voz a tu proyecto, sin costo».

En los meses siguientes, mantuvimos una correspondencia ocasional por e-mail, pero nunca hablamos al teléfono y nunca nos conocimos en persona. Don LaFontaine falleció el 1 de septiembre del año pasado, dos años exactamente después de que grabó mi introducción para la radio. ¡Le estoy eternamente agradecido al Señor por Su dirección y a Don por su generosidad! Te animo a subscribirte a mi cuña radial. ¡Vale la pena sólo para escuchar su voz!

Esa noche, ya en cama, recibí una fuerte sensación que me dijo: «Allí está tu voz talentosa». Por un segundo, tuve serias dudas. Pero la impresión era persistente. Creció. No era contraria a las Escrituras. Estaba en línea con mi hilo dorado y los tres pilares. No violaba ninguna ley ni dañaba a aquellos involucrados. De hecho, era la voz de Dios. Sí, era Su dirección.

Discernir la voz de Dios es una disciplina que debemos practicar para perfeccionarla. Es algo que si lo practicamos todos los días nos ayudará a crecer para llegar a ser personas que rompen barreras y superan todo lo que las detiene. Créeme, amigo, esto es lo que Dios quiere para tu vida. Él quiere que oigas Su voz y llegues a ser todo lo que estás destinado a ser. Desarrollar la disciplina espiritual de discernir la voz de Dios ayudará a plantar el tercer pilar en tu vida. Escuchar la voz de Dios y actuar sobre la base de ella afectará cada área de tu vida. Escuchar la voz de Dios nos prepara para la tercera disciplina, la obediencia. Conversar con Dios y escucharle nos lleva sólo hasta cierto punto, cuando tratamos de romper barreras. Obedecerle completa el viaje.

3. La disciplina de obedecer la voluntad de Dios

La diferencia entres aquellos que rompen sus barreras y aquellos que no lo hacen es muy sencilla. Aquellos que escuchan la voz de Dios y hacen lo que les dice avanzan (ver Deuteronomio 28.1-14). Acompañan al Espíritu, establecen el tercer pilar en sus vidas y obedecen su voz.

Dios ya sabe qué puerta estará abierta antes de que tú llegues. Él es un Dios todopoderoso, siempre presente, que ve y conoce todo. Él ejerce control soberano sobre todo. Puedes descansar seguro que si sigues Su dirección, Él te guiará a través del laberinto de la vida, sobre los obstáculos y a través de las tormentas. Así que tiene sentido actuar cuando Él te dirige. La disciplina para hacerlo viene del poder del Espíritu.

Mi esposa, Cindee, y yo compartimos una misión ministerial desde 1991: comunicar el mensaje de esperanza de Cristo a millones de personas. Cuando comenzamos a tener reuniones al aire libre, el público era entre 400 y 800 personas. En los años siguientes, nuestras reuniones al aire libre atraían cerca de 1.500 personas cada noche. Sabíamos que si íbamos a crecer y alcanzar ciudades enteras, necesitaríamos un fuerte estímulo. Por cierto, había una barrera. En verdad, parecía más un abismo.

Así que le pedí a Dios que me ayudara a pensar en grande con el fin de alcanzar a más personas. Sabía que utilizar los medios de comunicación era una de las formas más efectivas de proclamar la Palabra. Es una herramienta poderosa para publicitar y nos ayudaría a lograr la tarea que Dios nos daba como misioneros: alcanzar a millones de personas. Desgraciadamente, no teníamos presupuesto. No teníamos fondos extra para publicidad. Pronto un sueño surgió en mi corazón. Al principio no estuve muy seguro de si era la solución de Dios o una idea loca que se me había ocurrido. Sentía que el Señor me guiaba a contactar la mayor red televisiva secular del país y pedir una entrevista con el dueño. Una vez conseguida la cita, pediría cinco espacios comerciales diarios —comenzando diez días antes de cada cruzada— anunciando el evento para el futuro inmediato, *libre de costo*.

Como puedes imaginar, sentí que estaba unos cuantos pasos más arriba de mi nivel de fe. Pero no pude quitar esa convicción. Crecía con cada día que pasaba. Entre más lo consideraba, más me daba cuenta de que no era sólo mi sueño. También era el de Dios. Era un sueño que ya no podía guardar dentro de mí y no lo podía resistir. Tenía que actuar sobre esta base. Me enfrentaba a una barrera y creía que Dios quería que la rompiera para alcanzar a más personas que necesitaban a Cristo.

La obediencia es una decisión. Es hacer lo que Dios quiere que se haga. Significa que actuamos de acuerdo con Sus deseos y dirección para nuestras vidas. El ser obediente consiste en usar la fuerza santa que Él nos da para hacer lo que sabemos que es bueno y sabio.

Es por eso que la Biblia dice: «Eso mismo hizo Ezequías en todo Judá, actuando con bondad, rectitud y fidelidad ante el Señor su Dios. Todo lo que emprendió para el servicio del templo de Dios, lo hizo de todo corazón, de acuerdo con la ley y el mandamiento de buscar a Dios y tuvo éxito» (2 Crónicas 31.20-21 NVI).

Nunca llegarás del punto A al B si no sigues adelante basado en la convicción que, honestamente, tú crees que Dios puso en tu corazón. Eso es todo lo que Dios pide de nosotros. Nos pide que seamos obedientes. Es decir, no seguir alguna dirección mística, sino aquella misión (primer pilar) que genuinamente creemos que Él pone ante nosotros. Esta es la forma más pura de disciplina: seguir adelante con lo que sabemos que es bueno y sabio.

Finalmente tomé el teléfono y llamé a la cadena televisiva. El operador me conectó con la recepcionista en el piso ejecutivo, quien luego me transfirió a la asistente del propietario. La voz amable y profesional al otro lado del teléfono dijo: «¿En qué lo puedo ayudar?» Respondí: «Mi nombre es Jason Frenn y tengo una idea que va a ser de gran beneficio para este país y para su cadena televisiva. Todo lo que necesito son quince minutos con el dueño de la red televisiva, lo más pronto posible». Respondió: «Por favor, envíenos un fax con su petición de entrevista. Si hay tiempo, le responderemos. Pero

le ruego comprenda que estamos extremadamente ocupados».
Sin vacilar, le envíe el fax pidiendo la entrevista y esperé.

Pasaron cinco días antes de recibir una llamada de la asistente ejecutiva del dueño de la red televisiva. Me dijo: «En diez días más usted tiene quince minutos con el propietario. Debe estar aquí a las 10:00 a.m.» Estuve más que sorprendido de que hubiera tiempo para mí, pero me volví al Señor diciendo: «¿En qué me he metido?»

Su motivación fue fuerte: *No vaciles. Recuerda, pide cinco espacios comerciales, comenzando diez días antes de cada cruzada y anunciando el evento para un futuro inmediato,* libre de costo.

Pasaron diez días y mi coordinador de cruzadas y yo condujimos nuestro automóvil hasta la oficina central de la red televisiva. Después de esperar en la recepción por casi quince minutos, se nos pidió tomar el ascensor al piso ejecutivo. Fuimos escoltados a la sala de conferencias y dejados solos por otros diez minutos. La sala era suntuosa, tenía una gran pantalla de televisión y al final, un centro de comunicaciones. El alfombrado era gris acero; el decorado ejecutivo y la moldura en forma de corona le agregaba un toque clásico. Los sillones color bordó impregnaban la sala con olor a cuero italiano. Demás está decir que me sentía nervioso.

Diez minutos resultaron ser mucho tiempo. Una serie de pensamientos comenzaron a pasar rápidamente por mi cabeza. *Jason ¿Qué haces aquí? ¿Estás loco?* ¿Te suena familiar este modo de pensar, amigo?

Si vamos a desarrollar la disciplina de la obediencia, debemos estar dispuestos a salir de nuestras zonas de comodidad y seguir al Señor dondequiera que Él nos guíe. ¡Si estamos viviendo de acuerdo a la voluntad de Dios (pilar uno), podemos descansar seguros de que Dios nos llevará adelante! Él desea que cada uno de nosotros alcance el máximo potencial, para Su gloria.

Recordé que el sueño de mi corazón en el sentido de alcanzar una ciudad no era sólo mío, también era de Dios. De pronto se abrió de golpe la puerta y uno a uno entraron en fila los ejecutivos. Vestidos con trajes de diseñadores italianos, rodearon la mesa y ocuparon sus respectivos asientos. Casi al unísono retiraron sus sillas y se sentaron. Después de varios minutos, la puerta volvió a abrirse. Esta vez era la dueña de la red.

Entró una dama de setenta y cinco años, elegantemente vestida. Apenas ingresó a la sala, todos los varones se pusieron de pie, al mismo tiempo que ella asentía ligeramente con su cabeza e iba directo a su silla. Tomó asiento y nosotros hicimos lo mismo. Entonces me miró directamente al otro lado de la mesa diciendo: «Bueno, joven, ¿qué podemos hacer por usted?»

Mi corazón se aceleró. Mi frente estaba cubierta de transpiración. Era como si el tiempo se detuviera. Fue entonces que sentí de nuevo esa convicción: *Di que queremos cinco espacios comerciales, comenzando diez días antes de cada cruzada, para anunciar el evento para un futuro inmediato,* libre de costo.

Así que la miré directamente, respiré profundo y dije: «Quiero agradecerle la oportunidad que nos ofrece aquí. Comprendo que su tiempo es precioso así que iré directamente al grano. Creemos que Dios ama este país y quiere que ayudemos a tantas personas como sea posible». Cada ejecutivo me miraba directamente. La concentración era total. Continué: «Enfrentados a vecindarios y ciudades que están siendo inundados por las drogas, la prostitución y la violencia de las pandillas, tenemos un mensaje de esperanza para aquellos que desean cambiar. Donde existe el sufrimiento, la pobreza y el abuso, hemos venido a proclamar un mensaje de amor y sanidad. Y necesitamos que ustedes se unan a nosotros para proclamar ese mensaje que cambia vidas. Les estoy pidiendo que nos cedan cinco espacios publicitarios diarios, anunciando nuestros eventos al aire libre para el futuro inmediato... uhh». Entonces hice una pausa por un milésimo de segundo antes de agregar rápidamente: «libre de costo». Apreté los labios en una leve sonrisa.

Pasaron como cinco segundos. Ella nunca dejó de mirarme a los ojos.

Durante esos pocos momentos que parecían una eternidad, me miró con la mirada más impasible que jamás haya visto. Lentamente volvió la cara y en el último segundo dejó de mirarme y cambió su mirada a su asistente. Luego me volvió a mirar y dijo: «Bueno, me parece razonable. ¿Eso es *todo* lo que necesita?» Con incertidumbre e incredulidad respondí: «Creo que sí».

Ella dijo a su asistente: «Bueno, entonces dales todo lo que necesiten. Ahora, si me disculpan, debo atender algunos otros asuntos. ¡Y, oh, por cierto, aprecio y admiro profundamente lo que están haciendo por este país!» Se paró y salió de la reunión.

Yo estaba en shock. Me quedé sin habla. No sabía si debía reír o llorar. ¿Era sueño o realidad? Después de que se cerró la puerta detrás de ella, el asistente me dijo: «Señor Frenn, todo lo que necesitamos son sus espacios publicitarios con el formato y contenido que desean transmitir, y nosotros nos encargamos de lo demás. Avísenos si necesita algo más».

Estábamos por salir cuando me detuve. No podíamos irnos sin saber por qué ella nos apoyó, sin objeciones. Así que le pregunté al asistente: «Le ruego que me diga algo. Ella nunca expresó ninguna preocupación ni hizo ninguna pregunta mordaz. Tampoco expresó reserva alguna. Dijo que sí y eso fue todo. ¿Por qué?» El asistente nos explicó que la propietaria de la red estaba a favor de establecer un fundamento espiritual en esta nación. «Cree —dijo— que las personas necesitan más la ayuda de Dios que soluciones poco realistas y promesas políticas gastadas. Además es una cristiana devota».

Aprendí una lección muy valiosa en ese momento. Dios tiene agentes en todos los niveles de la sociedad y en todas partes del mundo. Tiene agentes en altas posiciones estratégicas y de poder. Recurre a ellas cuando es necesario cumplir con su agenda y criterio. No importa cuán grande sea tu sueño, no importa cuán grande tu barrera, Dios tiene el poder y los recursos para alcanzarlo.

Desde 1997, la red televisiva secular más grande en ese país nos ha ayudado a promover nuestros eventos al aire libre y nos ha concedido espacios publicitarios, comenzando diez días antes de cada cruzada, anunciando el evento y *libre de costo*.

Para mí el desafío fue aprender a obedecer al Señor en medio de circunstancias intimidantes. Dios desea ayudarnos a romper barreras, pero si queremos tener éxito, debemos obedecerle. Amigo, ¿tienes barreras que romper? ¿Enfrentas desafíos significativos? Ora por ellos, aprenda a discernir la voz de Dios, obedécele. ¡El Señor irá delante de ti y nivelará las montañas, romperá las barreras y eliminará todo obstáculo en tu camino (ver Isaías 42.2)! Si yo no hubiera obedecido la dirección del Señor, millones de potenciales telespectadores no habrían visto esos espacios publicitarios. La obediencia fue esencial para romper una barrera mayor y así alcanzar a miles de personas.

Hemos hablado acerca de algunas de las cosas que tú y yo podemos hacer para edificar la disciplina santa en nuestras vidas. Ahora vamos a dirigir nuestra atención a Aquel que nos da el poder para romper barreras y llegar a ser todo lo que estamos destinados a ser. La disciplina santa, es decir, la fuerza para vivir una vida cristiana y superar los desafíos que tratan de impedirnos, viene del Espíritu Santo. Este es el paso final hacia el tercer pilar de nuestras vidas. ¡En la vida del creyente, el Espíritu Santo nos da la fuerza para romper las barreras!

DESATANDO LA FUERZA SOBRENATURAL

En Hechos 16, el Espíritu Santo jugó un rol esencial en la tarea de guiar, fortalecer y equipar a los discípulos. Se hicieron realidad las palabras de Jesús. Él ascendió al cielo y después de cuarenta días, el Espíritu Santo llenó de poder a los discípulos (ver Hechos 2). Desde ese momento, los discípulos dependieron de Él, pues les daba dirección, fuerza, resistencia y poder. La siguiente historia muestra cómo Pablo y Silas estuvieron conectados al Espíritu Santo y cómo Él les ayudó a romper barreras mayores y superar la adversidad. Ellos establecieron firmemente el tercer pilar en sus vidas.

Un día en que Pablo y Silas iban a un lugar a orar, se encontraron con una niña esclava que ganaba mucho dinero para sus dueños prediciendo el futuro. Esta niña siguió a Pablo y sus amigos por más de una semana, diciendo a todos: «Estos hombres son siervos del Dios Altísimo y les anuncian a ustedes el camino de salvación» (Hechos 16.17 NVI). Pablo se volvió y le dijo al espíritu que había en la joven: «¡En el nombre de Jesucristo, te ordeno que salgas de ella!» (versículo 18 NVI). Repentinamente, dicho espíritu la dejó y con él la habilidad que tenía para predecir el futuro. Cuando los dueños de la niña esclava descubrieron lo que había ocurrido y que su fuente de entradas se había cortado, tomaron a Pablo y Silas y los llevaron ante las autoridades.

Sin el debido proceso e ignorando su calidad de ciudadanos romanos, las autoridades hicieron que Pablo y Silas fueran desnudados y azotados. Los guardias los llevaron y lanzaron a la cárcel. El carcelero fue instruido para que los vigilara con mucha atención, así que los colocó en la celda de más adentro y amarró sus pies al muro.

Ya muy entrada la noche, ellos oraban y entonaban himnos al Señor mientras todos en la cárcel los oían. De pronto se produjo un fuerte terremoto y las puertas de la cárcel se abrieron de golpe. Las cadenas se desprendieron del muro y todos los prisioneros fueron liberados. Cuando el carcelero despertó y descubrió que todos se habían ido, sacó su espada. Justo antes de que se quitara la vida, Pablo levantó la voz y le dijo: «¡No te hagas ningún daño! ¡Todos estamos aquí!» (16.28 NVI).

El carcelero, lleno de temor, vino a Pablo y Silas y les preguntó: «¿Qué debo hacer para ser salvo?» Ellos respondieron: «Cree en el Señor Jesús; así tú y tu familia serán salvos» (16.30-31 NVI). Después de que Pablo les compartió las buenas nuevas, el carcelero y toda su familia fueron bautizados.

Pablo y Silas habían tropezado con uno de los mayores obstáculos que existen. Debido a la codicia de personas pecadoras, ellos fueron tildados de infractores de la ley. Pablo, un ciudadano romano, debió haber sido sometido al debido proceso. Había leyes que le garantizaban ciertos derechos inalienables, como un juicio justo, donde podría haber presentado sus descargos. En vez de eso, él y los que lo acompañaban fueron azotados severamente y arrojados en una instalación de máxima seguridad.

Pablo y Silas tenían el tercer pilar claramente establecido en sus vidas. Este maravilloso pasaje de la Escritura nos puede enseñar muchas cosas acerca de cómo el Espíritu Santo nos ayuda a romper nuestras barreras y superar la adversidad. Él no ayuda a permanecer fuertes en medio de la prueba y la tribulación. Miremos cuatro lecciones poderosas de esta historia.

1. El Espíritu Santo nos guía en nuestras oraciones

Cuando los discípulos estaban en la celda interior con sus pies y manos encadenados a un muro de ladrillos, no podían gritar por ayuda, hacer una llamada telefónica, enviar una paloma mensajera o sobornar al guardia. Estaban clavados sin tener a donde ir. El único de quien podían depender era el Espíritu Santo. La única forma en que podían encontrar una solución era por medio del Espíritu de Dios y Él los guió para que hicieran lo único que podían: orar y cantar. Así que volvieron sus corazones al Señor, abrieron sus bocas y comenzaron a adorar.

El Espíritu Santo nos guía a través de la tormenta, nos muestra cómo orar y, lo que es más importante, nos conecta con una solución sobrenatural cuando no parece haber camino. Así como los discípulos fueron guiados en el canto y la oración, el Espíritu Santo respondió con lo que se necesitaba en forma precisa: un terremoto milagroso.

2. El Espíritu Santo nos edifica y fortalece en tiempos de prueba

En vez de desanimarse, descontrolarse o rebelarse, Pablo y Silas enfocaron sus corazones en el Señor y como resultado, fueron fortalecidos. Muchas veces, cuando las personas enfrentan la adversidad y las dificultades, se desalientan y aun deprimen. Cuando los obstáculos insalvables nos fuerzan a retroceder, podemos o correr a escondernos o unir fuerzas con el Espíritu de Dios y echar mano de su dirección. Eso es lo que hicieron Pablo y Silas. El Espíritu Santo los llevó a cantar himnos y a orar. Como resultado, sus corazones fueron animados y pudieron sentir la presencia de Dios en una circunstancia difícil y aterradora. De la misma manera, el Espíritu de Dios nos da la fuerza para triunfar sobre la depresión espiritual.

3. El Espíritu Santo nos ayuda a resistir al diablo y a la tentación

Después del terremoto, podrían haber escapado de la prisión inmediatamente junto con los demás presos. La mayoría de las personas habrían corrido sin mirar atrás. En vez de eso, hicieron lo correcto. El terremoto había transformado las instalaciones en escombros. De inmediato, todas las puertas de la prisión se abrieron y se soltaron las cadenas de los presos, pero Pablo y Silas no se movieron. Cuando el carcelero despertó y vio abiertas las puertas de la prisión, sacó su espada para quitarse la vida. Hizo esto porque sus superiores lo habrían muerto por permitir que los prisioneros escaparan. Noten como reaccionó Pablo. Dijo: «¡No te hagas ningún daño! ¡Todos estamos aquí!» (Hechos 16.28 NVI). Los discípulos resistieron la tentación y permanecieron fieles a sus convicciones.

En Juan 16, Jesús habla sobre cómo el Espíritu Santo guiará nuestras conciencias. Los versículos 8–11 dicen: «Cuando él venga, convencerá al mundo de su error en cuanto al pecado, a la justicia y al juicio; en cuanto al pecado, porque no creen en mí; en cuanto a la justicia, porque voy a mi Padre y ustedes ya no podrán verme; y en cuanto al juicio, porque el príncipe de este mundo ya ha sido juzgado» (NVI). El Espíritu Santo convence a nuestras conciencias si estamos involucrados en actividades inmorales. Por otra parte, Él también afirma nuestro buen accionar al volver nuestros corazones hacia Dios y disponernos a cumplir Su propósito. Él nos habla por medio de esa voz quieta y suave dentro de nosotros que nos dice cuándo estamos actuando bien y cuándo no.

¿Por qué esto es tan importante? Porque debemos estar preparados. Cada vez que enfrentas una barrera, el diablo te presentará una escapatoria fácil. Te mostrará una manera secreta para escapar y serás tentado, especialmente si parece inocuo o insignificante. Nada es más difícil que resistir la tentación cuando enfrentamos una gran barrera. Es difícil porque Satanás nunca nos deja ver las consecuencias de nuestras acciones hasta que es demasiado tarde. Somos cegados ante las repercusiones potenciales de nuestro comportamiento. Por esta razón, las personas que han caído en la tentación de una relación extramarital a menudo dicen: «No tenía idea de que mis acciones causarían tanto dolor al resto de mi familia».

En la mayoría de los casos, si no estamos firmes para resistir la tentación, terminaremos pagando un gran precio. Ni doce horas después del terremoto que sufrieron Pablo y Silas las autoridades les otorgaron su libertad. Imaginen lo que hubiera ocurrido si se hubieran escapado. Si los hubieran capturado, habrían sido ejecutados. Sólo la disciplina del Espíritu Santo te capacitará para vivir de acuerdo al corazón piadoso que el Señor ha creado en ti.

4. El Espíritu Santo nos da poder para ser testigos y ayudar a que otros encuentren a Cristo

Cuando el carcelero estaba por quitarse la vida, Pablo intervino porque reconoció que había algo mucho más importante que su propia libertad. La salvación del carcelero pendía en la balanza también.

El apóstol comprendió que cada barrera es una oportunidad para presentarle a alguien el evangelio de esperanza. A pesar de su agotamiento, dependió del Espíritu Santo para presentar al carcelero y a toda su familia el mensaje en el sentido que Cristo vino a liberar a los cautivos. Cuando el carcelero los sacó y les preguntó: «¿Qué debo hacer para ser salvo?» respondieron: «Cree en el Señor Jesús; así tú y tu familia serán

239

salvos» (Hechos 16.31 NVI). Después de acompañarlo a su casa, el carcelero y toda su familia fueron bautizados.

❧

A pesar de su horrenda experiencia, Pablo y Silas caminaron la milla extra para ayudar al carcelero y su familia. Lo pudieron hacer sólo porque Dios les dio la fuerza por medio del Espíritu Santo. Cuando fueron lanzados a la cárcel, escucharon al Espíritu del Señor y oraron. Pidieron al Señor edificación y fuerza. Resistieron la tentación y el Espíritu Santo les dio la inspiración y la fuerza necesarias para bendecir a un hombre que estaba encargado de su custodia en la cárcel. ¡Y por cierto, lo bendijeron a él y a toda su familia, entregándole el más grande regalo!

¡Así que conéctate al Espíritu! Haz del Espíritu Santo tu mejor amigo. Pídele la fuerza que necesitas para mantener la dirección adecuada, cualquiera sea el obstáculo que encuentres. Él nos guía, nos consuela y nos fortalece para romper las barreras que nos impiden avanzar. Al construir una relación con Él establecerás firmemente el tercer pilar en tu vida.

Él es todopoderoso y nos ama con un amor inconmensurable. Nuestra habilidad para romper barreras llega cuando nos aferramos a los dones que Él nos entrega. Por tanto, estira la mano, amigo. Toma los dones que Él ofrece con tanto amor. ¡No tienes mejor abogado, ni amigo mayor, ni admirador más grande! ¡Te ama entrañablemente! ¡Tú eres la niña de Sus ojos!

⌒∞⌒

En este capítulo, hemos aprendido acerca de tres poderosas disciplinas espirituales que nos pueden ayudar a establecer firmemente el tercer pilar en nuestras vidas, la disciplina del Espíritu, que incluye las disciplinas de la oración, de escuchar la voz de Dios y de la obediencia. También aprendimos que el Espíritu Santo es nuestro mayor aliado. Él guía nuestras oraciones, nos edifica en tiempo de prueba, nos fortalece para resistir la tentación y nos entrega el poder para ayudar a otros a encontrar a Cristo.

Al cerrar este capítulo, enfoquemos nuestros corazones una vez más en el Señor. Al decir esta oración conmigo, permite que el Señor te llene con Su Espíritu Santo. Permítele animarte y edificar Su disciplina santa en ti para romper toda barrera que te impida llegar a ser todo lo que Dios te ha destinado a ser.

Señor, te agradezco por tu bondad y sabiduría. Reconozco que sin Ti estaría perdido y abrumado en este mundo. Me vuelvo a Ti en este momento y pido ayuda. Lléname con Tu Espíritu Santo y permíteme servirte con todo mi corazón, mente, alma y fuerzas. Dame la fuerza para vivir una vida disciplinada y guiada por Tu bondad y sabiduría. Guía mis pensamientos y dame la fuerza para manejar mis emociones. Ayúdame a enfrentar la tentación con Tu fuerza. Ayúdame a enfrentar mis temores con Tu poder. Ayúdame a superar la depresión y el desaliento con Tu esperanza y Tu aliento. Ayúdame a pensar de tal modo que mis pensamientos reflejen lo que Tú sientes acerca de mí. Más que nada, ayúdame a tener la mente de Cristo.

Espíritu Santo, ayúdame a redefinir el placer para que pueda ver las cosas como Tú las ves. Ayúdame a deleitarme sanamente y vincularme a las personas y cosas a las que Tú me has llamado a unirme. Deseo honrarte en todo lo que hago. Quiero servirte con todo el corazón. Quiero romper las barreras, superar la adversidad, alcanzar mi máximo potencial y glorificarte con mi vida. Te pido estas cosas en el nombre de Cristo. Amén.

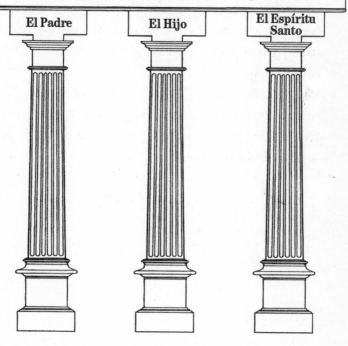

Una Vida Llena de Significado e Importancia

El Padre   El Hijo   El Espíritu Santo

¡Tú puedes ser la persona que Dios quiere que seas!

EL PROPÓSITO DE ESTA conclusión es demostrarte cómo los tres pilares —corazón, sabiduría y disciplina— obran juntos para ayudar a romper barreras. Es un resumen de todo lo que hemos aprendido en las páginas de este libro. Mi deseo, sin embargo, es que esto no sea meramente teórico, sino una ayuda práctica para enfrentar los desafíos de cada día.

Al comienzo del libro dije que tú no estás aquí por error, tu vida no es un accidente, ni existes meramente por una casualidad del azar a través de la evolución. Estás aquí por una razón. Dios quiere que vivas una vida significativa e importante. Por eso es que estás aquí.

Por lo tanto, volvamos a una de las primeras preguntas

que planteamos al comenzar este libro. ¿Cuál es el mayor obstáculo que enfrentas? ¿Es algo que afecta a tu familia? ¿Tiene que ver con tus finanzas? ¿Con tu salud? Cada barrera, sin importar cuán grande o pequeña que sea, requiere que tengamos un corazón recto, sabiduría santa y fuerza divina para poder superarla.

PILAR 1: EL CORAZÓN DEL PADRE

Mi abuela Afifi Frenn nació en Zahlé, Líbano, en 1907. Al cumplir los dieciséis años, sus padres la enviaron a Paris, Francia, para casarse con un primo lejano al que nunca había visto. Su nombre era Michael Frenn. Después de la ceremonia de bodas, llegaron al puerto de Cherburgo, donde abordaron un transatlántico llamado *Aquitania*. De allí se dirigieron a los Estados Unidos para comenzar una nueva vida. El 19 de octubre de 1923, el barco llegó a Nueva York y la pareja pasó por la oficina de inmigración en la Isla Ellis.

Los recién casados se mudaron a Okmulgee, Oklahoma, y abrieron un bar y un restaurante. En Oklahoma, mi abuela cambió su nombre a Eva. Vivieron allí por diecisiete años y empezaron a criar siete hijos en el pequeño pueblo de unos pocos miles de habitantes. Durante la Gran Depresión y los períodos de sequías y tormentas de polvo en las grandes llanuras de EEUU, allá por la década de 1930, soportaron muchas pruebas y tribulaciones. En 1940 se mudaron a San

Fernando, California, y abrieron otro restaurante. Tuvieron dos hijos más después de llegar al Territorio Dorado.

En 1945 se mudaron a una casa de algo más de 500 metros cuadrados en Hollywood Norte. Tenía cinco dormitorios, tres baños y medio, habitaciones de servidumbre y media hectárea de terreno, en un barrio de primera del Valle de San Fernando. Ubicada a dieciséis kilómetros del restaurante, de los Estudios Universal, el aeropuerto de Burbank, Hollywood y el centro de Los Ángeles, la casa era ideal para una familia libanesa de once personas. Los hijos comenzaron a adaptarse bien a la cultura del sur de California y el restaurante prosperó. Michael y Eva formaron una nueva familia en una cultura extranjera, en la que comenzaban a ver los frutos del sueño americano.

En septiembre del año siguiente, la tragedia los golpeó. Sin ninguna señal previa, Michael falleció de un ataque cardíaco dejando una esposa y nueve hijos. Tenía cuarenta y ocho años. Todos estaban devastados y confundidos. Un hombre profundamente amado y admirado se marchó de repente a la eternidad. En cosa de minutos, la responsabilidad de llevar un pequeño negocio y pagar la hipoteca recayó sobre Eva. Quedó con la tarea abrumadora de criar sola a sus hijos en una cultura extranjera. Viuda a los treinta y ocho años, enfrentaba una de las barreras más grandes que alguien se pudiera imaginar.

Mi abuela me contó de una experiencia que marcó su vida para siempre. Ocurrió poco después de la muerte de su marido. En un momento de desesperación, necesitaba más que nunca a Dios y Él respondió. De pronto, un día en el que permanecía en cama, llena de angustia y desespero, Cristo se le apareció. Se paró a su lado con los brazos abiertos y dijo que le ayudaría a enfrentar las dificultades por las que pasaba. No pudo pronunciar palabra y sólo lo miró con los ojos llenos de lágrimas. Allí mismo se comprometió a seguirle, ir a la iglesia y hacer del servicio a Dios una prioridad en su vida.

De hecho, fue fiel a su promesa. Desde ese día en adelante, lo buscó y comenzó a hacer suyo el corazón de Dios, edificando el primer pilar para romper barreras. La oración fue una disciplina diaria en su vida. Cada fin de semana, mi papá me llevaba a su casa donde vi sus disciplinas espirituales en acción. Recuerdo que al despertar en la mañana, lo primero que hacía era arrodillarse al pie de su cama y dedicar ese día al Señor.

Todos los días le pedía a Dios la protección sobre su casa, sobre sus hijos y, eventualmente, sobre sus nietos. Hizo de Dios su mejor amigo y anhelaba que Su corazón latiera en ella. Se dio cuenta de aquello que muchos no ven en este mundo: Sin Dios, estamos perdidos. Sin Dios, las barreras nos aplastarán y nos impedirán que alcancemos nuestro máximo potencial. Sin Él, no hay esperanza. También se dio cuenta de que con Él podemos romper cualquier barrera. Con Dios, llegaremos a la otra orilla. Con Dios, todo es posible.

Mi abuela hizo del acto de ir a la iglesia una prioridad. No se quedó encerrada en las cuatro paredes de su casa. No permitió que la depresión la destruyera. En vez de eso, se convirtió en uno de los miembros más activos en su iglesia.

Por muchos años asistió a cinco o seis servicios por semana. Se involucró en ministerios de mujeres y esfuerzos especiales para ayudar a los pobres y dedicó cientos de horas al año a la causa de Cristo. Me llevaba a la iglesia cada domingo. Lloviera o brillara el sol, cuando mi reloj semanal tocaba domingo, me encaminaba al servicio de las 10 a.m. A veces era en árabe y no entendía mucho, pero aprendí a apreciar la necesidad de abrazar el corazón de Dios y sus atributos.

Durante mi vida he observado a muchos que se han apropiado del corazón de Dios. Entre tantos que me han impresionado, mi abuela fue una persona llena de los atributos de Dios. Abrazó Su amor, gozo, paz, paciencia, amabilidad, bondad, fidelidad, humildad y dominio propio. Como resultado de su relación con Cristo, dirigió a su familia a través de sus horas más oscuras y logró criar a nueve hijos en el proceso. Se quedó con el restaurante por otros diez años, después de la muerte de su esposo y luego de su venta, el 1 de enero de 1956, los seis hijos que aún quedaban en casa ayudaron a mantener las finanzas de la familia.

Ya en 1960, la mayoría de los hijos habían crecido y se habían marchado del hogar. Entonces abrió una casa de huéspedes para mujeres mayores. Arrendó las piezas desocupadas de su casa y proporcionó servicios a cinco mujeres que necesitaban un lugar donde vivir. Las bañaba, cocinaba para ellas, las vestía, las sacaba a pasear y a veces hasta les daba de comer. Algunas se mudaron a un centro médico, cuando lo demandaba su edad y sus necesidades físicas. Cada vez que hubo una vacante, alguien más arrendaba la pieza disponible. Por quince años dedicó su vida a ayudar a otras mujeres, a disponer de un lugar especial que pudieran llamar hogar y envejecer de manera digna.

Todos venimos al mundo con un defecto que nos hace vivir centrados en nosotros mismos y desear cosas inapropiadas. Por eso, nuestro comportamiento moral estaría enormemente distorsionado sin la ayuda de Dios. Por esta razón, necesitamos un corazón santo que nos guíe a ser todo lo que Él nos ha destinado a ser. Esto es imperioso porque todo lo que hacemos y decimos proviene de nuestros corazones. Mateo 15.18 señala: «Lo que sale de la boca viene del corazón y contamina a la persona» (NVI). El primer paso para romper barreras es tener un buen punto de partida: un corazón santo. De hecho, desde aquí es de donde comenzó mi abuela.

Al enfrentar una barrera abrumadora, buscó a Dios y abrazó Su corazón. Se volvió a Él diariamente por medio de la oración y la lectura de Su Palabra. Pero superar la adversidad es más que pedir la ayuda de Dios. Necesitamos comenzar a trabajar los atributos santos para que lleguen a formar parte permanente de nuestras vidas.

Esto es algo que decidimos hacer. Decidimos amar. Optamos por ser amables y pacientes. Escogemos pensar de maneras santas y virtuosas. Perdonamos a otros y vivimos vidas llenas de gozo. Decide hacer estas cosas. Actúa ahora. Al poner estos hábitos en acción, hay un momento en que llegan a formar parte de nuestro ser. Al final, somos lo que anhelamos ser.

Mi abuela vivió los atributos de Dios y llegó a ser quien Dios quiso que fuera.

Muchas personas en este mundo son buenas. Pocas son buenas y sabias. El ser solo bueno, por desgracia no es lo suficientemente bueno. ¿Por qué? A demasiadas personas les falta sabiduría. Aunque pueden tener un buen corazón y demostrar los atributos de Dios, les falta Su visión y perspectiva. Por esta razón, es imperativo edificar el segundo pilar en nuestras vidas: la sabiduría de Cristo. La sabiduría santa nos da la habilidad para asegurarnos ser personas buenas y que tomamos decisiones que están en armonía con nuestra misión. Con la sabiduría basada en la mente de Cristo, juzgamos cada decisión que tomamos a la luz de nuestra misión santa.

UNA HISTORIA DE SABIDURÍA DE LA VIDA REAL

Recientemente tuve una conversación con mi buen amigo Don, a quien conozco por más de quince años. Cuando lo vi por primera vez, se sentó frente a mí en una reunión donde se determinaría si su iglesia nos apoyaría a Cindee y a mí como misioneros en Latinoamérica. Don sólo hizo algunos breves comentarios. En una mesa llena de ministros, él era el único laico e irónicamente parecía ser quien hablaba con más sentido. En ese momento no tenía idea de quién era él. Tampoco sabía que sería una de las personas más sabias que conocería.

Sus padres se divorciaron cuando tenía cuatro años de edad y nunca tuvo una vida familiar estable. Creció sin una figura paterna porque su madre se había casado cinco veces. Cuando Don cumplió quince años, entregó su vida al Señor. Después de graduarse de la secundaria, él y su esposa asistieron por un año y medio a la misma universidad, ubicada en el Valle de San Joaquín en California. Ambos provenían de la pobreza y ninguno había tenido buenos modelos de conducta. Pero Don y Maxine sabían que se amaban y que querían pasar el resto de su vida juntos. Así que decidieron casarse cuando él tenía diecinueve años.

Tres semanas después de la boda perdió su empleo como vendedor aprendiz en un mercado local. Al día siguiente, viajó a Bakersfield y postuló a otra cadena de supermercados como vendedor principiante. El salario base era de cincuenta y siete dólares por semana. Lo contrataron de inmediato. En lo económico, él y Maxine enfrentaban muchos desafíos y muchas barreras, y por un tiempo su dieta se redujo a lo estrictamente esencial. Su presupuesto sólo les permitía unas conservas baratas de pescado, todos los días y por varios meses. Según Don, Maxine aprendió a cocinar el atún de todas las formas imaginables.

Al pasar el tiempo, Don escaló en la organización. Su aguda percepción de la administración financiera y buen sentido comercial le favorecieron ante los ojos de sus superiores. Cuando apenas tenía 24 años, fue promovido a gerente de departamento y finalmente a gerente de una tienda. El negocio de abarrotes era siempre competitivo y los dueños constantemente buscaban la propuesta indicada para llegar a ser los primeros. Estaban obsesionados con la excelencia y la eficiencia. La organización estaba en una búsqueda continua de la calidad, así como los servicios de expertos competentes y consultores administrativos externos.

La compañía seguía creciendo y un día jubiló el gerente de división. El vicepresidente de operaciones le pidió a Don que se hiciera cargo y este aceptó. Bajo su liderazgo la división creció, y la compañía continuó abriendo más negocios de abarrotes. Su zona de trabajo se incrementó en pocos años. Un día, cuando el presidente y fundador de la empresa falleció, el control de la organización quedó en manos de sus dos hijos.

Ellos contrataron una consultoría externa para analizar la organización y el resultado fue que el hijo mayor fue despedido y muchos gerentes de nivel medio también. Por mucho tiempo, Don no se vio afectado porque era muy importante para la compañía, así como exitoso en su trabajo. Pero llegó el momento en que lo «invitaron» a una cita en la oficina principal en Los Ángeles. Don sabía que enfrentaba una enorme barrera y se volvió a Dios por ayuda.

En la reunión se le dijo que: «Era demasiado independiente y difícil de controlar» y le informaron que lo iban a despedir después de dieciocho años de desempeño sobresaliente. Don se sorprendió pero no se conmovió. Demostró sabiduría santa al no dejarse llevar por el pánico. En vez de eso, esperó hasta que su jefe y el equipo de consultores terminaran su explicación y respondió calmadamente:

«Ustedes pueden pensar que controlan mi vida, pero no es así. Esto simplemente me dice que Dios tiene algo mejor para mí. Dios sólo los está usando a ustedes para empujarme en la nueva dirección que tiene para mi vida y la de mi familia». Luego compartió su testimonio y amablemente se despidió de unos amigos en la oficina principal.

Manejó dos horas el Grapevine de vuelta a Bakersfield y cuando Maxine llegó esa tarde preguntó sorprendida: «¿Por qué llegaste tan temprano?»

¿Qué podía decir? «Me despidieron», le respondió.

Don siempre había tenido interés en la construcción pero había estado demasiado ocupado en el negocio de abarrotes para aprender a usar martillo y clavos. Este le pareció el momento perfecto para ir donde su padrastro, un constructor y aprender.

«Necesito aprender cómo construir una casa», le dijo. «¿Por qué no fabricamos una juntos?» Su padrastro estuvo de acuerdo. Esta fue una señal de sabiduría santa. Don se humilló para aprender de uno que sabía más que él en un campo particular. Se arremangó y ganó conocimiento.

Dos semanas después de haber sido despedido, tenían a medio levantar la armazón de una casa. Un especialista en productos que había sido despedido el mismo día que Don vino al sitio de la construcción con un mensaje diciendo que el presidente quería hablar con él.

El presidente le dijo: «El hecho de que te despidieran fue una llamada de alerta que me hizo ver todos los errores cometidos por el equipo consultor, contigo y con algunos de nuestros empleados antiguos. En consecuencia, los despedí». Luego le pidió a Don que fuera su consultor para ver quién había sido despedido injustificadamente y a quién se le debería volver a contratar. Y ¡quería saber si Don volvería a la compañía a tiempo completo!

Don respondió con paciencia, calma y tres condiciones. Primero, insistió en que volvieran a contratar al especialista en productos (el que le había entregado el mensaje a Don en el sitio de la construcción). Don sintió que sería justo volver a contratarlo ya que fue despedido debido a su cercanía con él. Segundo, había planeado unas vacaciones familiares y quería tiempo para salir con su esposa e hijos. «Finalmente», dijo, «necesito tiempo para orar acerca de esta oferta», y se comprometió a entregar su respuesta la semana siguiente.

Don comenzó cada mañana a pedir la dirección a Dios pero nunca escuchó una respuesta. Su único deseo era hacer Su voluntad, pero cuando llegó el día que tenía que responder, se sintió en libertad de aceptar la proposición. Don pensó que volver al trabajo era lo correcto y esperaba hacer bien las cosas trayendo sanidad a los que habían sido heridos por las reducciones de personal. Quería ayudar a restaurar la organización y cambiar las actitudes negativas.

Al mismo tiempo, sentía que su futuro estaba en el negocio de la construcción. Así que trabajó por otros dos años y con una transición bien planificada dio su aviso de renuncia con treinta días de anticipación a la compañía de abarrotes. Él y Maxine no tenían muchos recursos para comenzar una compañía constructora, pero Dios les dio confianza y fe.

Aunque su renuncia había llegado de sorpresa, él no estaba nervioso. ¿Por qué? Porque su confianza estaba en el Señor. Tanto él como Maxine habían sido fieles al Señor con sus vidas y sus finanzas. Sabía que contaba sólo con el noventa por ciento de lo que ganaba; el otro diez por ciento le pertenecía a Dios, sin importar lo que pasara. Incluso cuando comían tuna todos los días, durante varios meses, habían pagado sus diezmos de cada cheque que recibían. Nunca se les ocurrió no hacerlo. Al aumentar sus ingresos comenzaron a dar para misiones y apoyar proyectos en todo el mundo.

Cuando Don fue despedido, pensó: *Señor, he sido fiel y creo que Tú cuidarás de mi familia.* Sentía que Dios cuidaría de su familia porque habían sido fieles al Señor. Don no pudo haber imaginado que Dios removería el equipo de consultores que lo había despedido, menos que se volvieran a contratar a todos los que habían sido injustamente desahuciados. Esto le infundió gran respeto y temor del Señor.

Don comenzó su negocio de construcción a tiempo completo el 1 de abril de 1976, a los treinta y nueve años de edad. Treinta años más tarde se estima que ha construido más de tres mil casas, cincuenta y cuatro edificios de departamentos, varios edificios de oficinas y unas pocas casas de cuatro viviendas adosadas. Hoy, Don es uno de los más prominentes promotores inmobiliarios en el Valle de San Joaquín. Se ha convertido en un multimillonario y ha colocado techo sobre las cabezas de decenas de miles de familias. Él y su esposa superaron la pobreza y la escasez de recursos y sobrevivieron con un escuálido presupuesto, porque abrazaron la sabiduría del Hijo, pero también superaron grandes barreras. Hace varios años comenzaron una fundación de caridad familiar y actualmente regalan un millón de dólares al año. Si les preguntas cuál ha sido la lección más importante en la vida de su familia, de seguro que responderían: «Ser fieles a Dios y confiar en Él».

PILAR II: LA SABIDURÍA DEL HIJO

Veo formas santas de sabiduría en todo el testimonio de Don. Demostrando humildad, confianza y la habilidad para aprender nuevas ideas y paradigmas, superó muchas barreras financieras para lograr lo que tiene hoy. Don y Maxine son las personas que Dios quiere que sean.

La sabiduría santa se encuentra un paso más arriba que todas las otras formas de sentido común. Es la habilidad para tomar decisiones y tener sano juicio basado en la perspectiva de Dios. A medida que nos unimos a Cristo, logramos Su perspicacia de cómo superar las adversidades que enfrentamos. El Salmo 111.10 dice: «El principio de la sabiduría es el temor del Señor: buen juicio demuestran quienes cumplen sus preceptos» (NVI).

Obtenemos sabiduría divina al rodearnos de personas

que la tienen, porque los valores de aquellos con quienes pasamos tiempo afectan nuestras vidas. Si compartimos con sabios y que ven las cosas desde una perspectiva santa, creceremos en la santa sabiduría que ellos han aprendido. También obtendremos sabiduría leyendo Proverbios con el programa que bosquejé en el capítulo 4. Proverbios está lleno de perspectiva santa y perspicacia para ayudarnos a llegar a ser todo lo que Dios quiere que seamos.

Al enfrentar las barreras que se nos presentan, necesitamos el punto de vista de Dios y un paradigma nuevo. Es preciso dejar de lado las perspectivas limitadas que nos impiden ver las elecciones obvias y no tan obvias, ya que —a fin de cuentas— será nuestra perspectiva la que determine nuestra reacción frente al mundo que nos rodea. Por esta razón, necesitamos ser liberados para pensar creativamente y más allá de los confines de la casilla en que nos encontramos.

Al acercarte a tu barrera, pide dirección al Señor. La oración es el punto de partida para lograr la perspectiva de Dios acerca de cualquier obstáculo que enfrentes. Luego, vuelve a examinar la barrera, abraza cada solución posible, analiza tus mejores opciones y consulta a personas sabias.

Pero ser bueno y sabio no es todo. A muchas personas que son buenas y sabias les falta la disciplina para romper las barreras que enfrentan. La disciplina santa viene del Espíritu Santo y es necesaria para poner en práctica las buenas decisiones basadas en el carácter santo. Las personas pueden ser buenas y reconocer cuál es el correcto curso de acción, pero pocos tienen la energía y disciplina para llevarlo a cabo. Por esta razón, es imperioso edificar el tercer pilar en nuestras vidas: la disciplina del Espíritu. Combinar los tres pilares nos equipa para romper cualquier barrera que podamos enfrentar.

PILAR III: LA DISCIPLINA DEL ESPÍRITU

Para escapar del clima húmedo de 35° de Centroamérica, regresamos muy tarde de la playa a San José, Costa Rica. Habían sido unas vacaciones muy necesarias, después de tres años sólidos de ministerio. Luego de pasar tres noches en un centro vacacional, volvíamos a casa. Las niñas dormían, los cielos estaban despejados y el tráfico estaba ligero. El viaje de cuatro horas se desarrollaba sin problemas hasta que nos dirigimos hacia la parte menos habitada del camino. A unos 170 kilómetros al noreste de San José, entramos en una porción de la jungla centroamericana. Eran como las 23:30 horas. Por muchos kilómetros no existían luminarias.

Cuando giramos en una curva, oí lo que me pareció un disparo desde los arbustos, a un costado de la carretera. En cuestión de segundos, el borde del neumático derecho delantero comenzó a raspar el suelo. Me detuve al lado del camino, bajé y miré el neumático. Estaba completamente desinflado y nada separaba la llanta del asfalto. La goma se había roto y estaba reducida a unos pocos jirones. Quedé perplejo, ya que se trataba de un neumático nuevo, con sólo unos pocos miles de kilómetros de uso.

Mi esposa se asomó por la ventana y preguntó cuál era el problema. Le expliqué: «Voy a tener que sacar la rueda de emergencia y cambiar el neumático». Apenas abrí la parte trasera del auto, escuché una motocicleta partir y salir desde los arbustos, subir a la carretera y estacionarse a unos 180 metros detrás de nosotros. Pareciera que las dos personas en la moto habían disparado a nuestro neumático y ahora se acercaban para robarnos.

Era una situación muy peligrosa. Agarré el gato, lo coloqué al lado del tapabarros de adelante, pasé mi cabeza por la ventana del chofer y dije en voz muy baja para no despertar a nuestras hijas: «Cindee, no quiero alarmarte, pero creo que tenemos compañía. Esos tipos sentados en la moto reventaron el neumático pinchado».

Cindee inmediatamente salió del auto, se paró al lado del parachoques delantero y comenzó a cantar al Señor. Mientras tanto, yo empecé frenéticamente a cambiar el neumático. Después de aflojar un poco las tuercas, fui a buscar el repuesto. Gracias a Dios, otros autos y camiones estaban pasando y su presencia parecía mantener a raya a los bandidos de la motocicleta.

Sacar el repuesto de debajo del vehículo fue la tarea más difícil de todas porque tuve que gatear en la oscuridad y remover el neumático anclado bajo el vientre del vehículo. Los autos y camiones seguían pasando y sabíamos que los delincuentes nos miraban. Las niñas estaban completamente dormidas y Cindee seguía cantando y orando. Yo moví rodando el repuesto hasta el neumático izquierdo delantero y comencé a manipular la manivela del gato como hombre biónico. En un segundo, el vehículo estaba lo suficientemente alto como para retirar el neumático viejo.

En este tramo del camino completamente oscuro y generalmente desierto, ocurría algo asombroso: cada vez que necesitaba luz, un auto subía por el horizonte y alumbraba mi pequeño especio de trabajo lo suficiente para que pudiera completar cada tarea. La oportuna pasada de los vehículos continuó tan sincronizada que los dos ladrones no pudieron hacer ningún movimiento.

Coloqué de vuelta las tuercas y las apreté a mano mientras el gato seguía manteniendo el auto suspendido en el aire. Luego bajé el vehículo y saqué el gato de debajo de la carrocería. Iba a apretar las tuercas después de guardarlo, pero en cuanto lo puse en el maletero, los bandidos hicieron andar la motocicleta y se dirigieron directamente hacia nosotros. Era obvio que estábamos en curso para una confrontación.

Cindee rápidamente se sentó en el asiento delantero. Yo cerré de golpe el maletero y corrí a la puerta del chofer. Las tuercas aún no estaban apretadas, pero no importaba. Al tiempo que yo llegué al asiento del chofer, la motocicleta estaba a unos nueve metros de alcanzar nuestro vehículo. Intenté torpemente encontrar el encendido y en cuanto eché a andar el auto, la moto se detuvo con una frenada con su neumático delantero frente a nuestro parachoques.

Cuando miré por la ventana, los bandidos estaban a cuarenta y cinco centímetros de mi cara. Ambos vestían de negro y usaban cascos negros. Quedé helado por un milésimo de segundo, hasta que mi esposa gritó: «¡*Vamos!*» ¡Esto me asustó más que los dos tipos sentados en la moto! De hecho, cuando ella gritó, salté y mi pie resbaló del embrague, haciendo que el auto se lanzara hacia delante y pasara por encima de su neumático delantero. Antes que pudieron sacar un arma, estábamos rodando nuevamente por la carretera.

Unos pocos autos venían en sentido contrario y uno se nos acercó por detrás. Los ladrones nos siguieron en su motocicleta por unos pocos cientos de metros pero de pronto desistieron de su persecución. Miré por el espejo retrovisor cuando se dieron vuelta para dirigirse en la dirección opuesta. Nos bamboleamos con nuestro neumático delantero suelto los siguientes dieciséis kilómetros hasta que pude terminar de apretar las tuercas.

Hasta el día de hoy, estoy eternamente agradecido a dos personas: al Señor y a mi esposa. El Señor colocó vacilación en los corazones de los dos aspirantes a ladrones. Envió un vehículo tras otro para evitar que se acercaran. ¡Esto fue milagroso! No sólo la coordinación de tránsito fue impecable para mantenerlos alejados, sino que también proveyó la luz que necesitaba para cambiar el neumático. Cuando Dios interviene como lo hizo esa noche, es un milagro. Cuando las cosas parecen ser imposibles y estás acorralado en una esquina, no te des por vencido. Vuélvete al Señor y cree en el Dios de milagros.

Admiro a mi esposa Cindee desde el primer día en que la vi. Tiene un corazón lleno del carácter de Dios el Padre, una mente llena de la sabiduría de Cristo y la fuerza del Espíritu Santo. Esa noche, su primer impulso fue abrir las líneas de comunicación con Dios al orar. En vez de correr, llorar o reaccionar con pánico, escogió volverse al Señor por ayuda. Esa fue una acción sabia. Después de pasar diez minutos orando, demostró la fuerza del Espíritu. En vez de quedarse inmóvil como yo, me dijo que avanzara. En vez de doblegarse con temor, ayudó a liberar a la familia entera de dos extraños que querían robarnos y dañarnos. Mi esposa es exactamente quien Dios quiera que sea.

CORAZÓN, SABIDURÍA Y DISCIPLINA

Aprendí dos valiosas lecciones esa noche. Primero, sin importar lo que enfrentemos, necesitamos el corazón adecuado, la sabiduría adecuada y la fuerza adecuada producida por disciplina. Un sólo factor deja un vacío enorme en nuestra búsqueda por romper las barreras y superar la adversidad. Segundo, tarde o temprano, todos necesitamos que el Señor nos ayude. Cuando nuestras espaldas están contra la pared, necesitamos depender del Dios de milagros.

Tener una disciplina santa es hacer lo que está bien en medio de una tormenta emocional. Comienza con la paz de Dios. Nos ayuda a alejarnos del temor y la ansiedad. A través de valles y sobre montañas, por altos y bajos y encarando el temor y el pánico, la disciplina de Dios nos da la fuerza para poner en marcha, consecuentemente, lo que sabes que es bueno y sabio.

Fuiste creado con un gran propósito y destino. Dios te ama y tiene planes maravillosos para tu vida. Él te hizo con talentos y dones. Nadie más fue hecho como tú. Tú, amigo mío, eres único, creado por Dios para alcanzar tu máximo potencial y dar la gloria a Dios.

A menudo cambiamos sólo cuando el dolor de mantenernos iguales es mayor que el dolor del cambio mismo. Tienes que tomar una decisión. ¿Estás dispuesto a cambiar? ¿Estás listo para romper las barreras? ¿Estás listo para romper esas cadenas que te atan? ¿Estás listo para seguir adelante hacia el máximo potencial de tu vida? Confío en que tu respuesta sea un rotundo sí. ¡Puedes ser quien Dios quiere que seas! Puedes romper las barreras, superar la adversidad y alcanzar tu máximo potencial.

En cada capítulo he pedido que digas una oración específica pertinente a las lecciones que hemos aprendido. Esta vez, me gustaría orar por ti. Al concluir juntos este libro, oraré para que sea una gran guía y un recurso útil para ti; una herramienta poderosa que puedas compartir con otros que necesitan la ayuda de Dios en sus vidas. Que ayude a romper cada barrera que enfrentas; que superes la adversidad y alcances tu máximo potencial. Esta es mi oración para ti:

Señor, gracias por mis amigos que han leído este libro. Oro pidiendo que sean muy bendecidos. Que Tu mano guíe su desarrollo para romper toda barrera que enfrenten. Que superen toda adversidad y lleguen a ser lo que Tú tienes destinado que sean. Que el amor de Dios los rodee, bendiga y que Tu rostro los ilumine. Que en tiempos de oscuridad puedan ver Tu luz. Que en tiempos de soledad puedan sentir Tu presencia y calidez y en tiempos de dolor sientan Tu victoria y gran propósito.

Guíales a través de cada dificultad y crea en ellos un corazón limpio que refleje cada atributo de Dios el Padre. Dales la perspectiva y sabiduría del Hijo para que ellos puedan ver a través y alrededor de cada obstáculo. Finalmente dales la fuerza y la disciplina del Espíritu para poner en acción todo lo que saben que es bueno y sabio. Que les prosperes, protejas y bendigas con la bondad y riqueza del reino de los cielos. Oro creyendo que es Tu divina voluntad bendecirles en el nombre de Cristo. Amén.

Acerca del Autor

Jason Frenn proviene de lo que él llama en broma *una familia loca*. Mientras crecía en un hogar no tradicional, donde el divorcio, el alcoholismo y la discordia eran lo normal, se dio cuenta de que no podía romper la disfunción por sí solo. Después de que una familia hispana lo invitó a asistir a la iglesia en 1982, buscó a Dios y encontró en Cristo la fuerza para superar los patrones destructivos que habían plagado a su familia por años. En 1991 dejó su posición como un exitoso representante de ventas y comenzó a servir en el ministerio a tiempo completo.

Después de obtener su bachillerato en Historia/Ciencias Políticas y una maestría en Liderazgo de Iglesias de la Universidad Vanguard, Jason y su esposa se mudaron a Costa Rica, como misioneros de las Asambleas de Dios. Desde entonces, ha viajado por el mundo como evangelista-misionero y conferencista. Con el pasar de los años, ha celebrado más de cincuenta cruzadas evangelísticas que abarcaron ciudades enteras en Latinoamérica y Estados Unidos y ha compartido el Evangelio con más de 2 millones de personas, entre los cuales, unos 200.000 decidieron seguir a Cristo.

Jason es un orador dinámico y un autor que ocupa principios bíblicos y emocionantes testimonios personales, para inspirar a audiencias en todo el mundo. Además de celebrar cruzadas que abarcan ciudades, es muy buscado como conferencista para iglesias, organizaciones sin fines de lucro y audiencias de negocios. Jason es el fundador de Hablando a las Naciones y Power to Change Internacional. Es anfitrión de un programa radial diario en vivo en la red Radio Nueva Vida, con una audiencia de radioescuchas de 475.000 personas. Para mayor información, visitar su sitio Web: www. frenn.org.